빅데이터와 통계로 살펴본
태양광 시장과 REC 가격 전망

빅데이터와 통계로 살펴본

태양광 시장과 REC가격 전망

윤인택 지음

매일경제신문사

프롤로그

　신·재생에너지원의 확대는 전 지구적인 지구온난화를 방지하고, 매년 겨울철과 봄철에 발생해 우리 삶의 질을 저하시키는 고농도의 미세먼지 저감을 위해서 필요하다. 우리나라는 2012년 신·재생에너지공급 의무화 제도(RPS)가 시행된 후, 2019년 말까지 약 53,000개소의 태양광 발전소가 건설되어 운영 중에 있다. 이들 태양광 발전소의 발전량은 2019년 기준으로 우리나라 총 발전량의 약 1.55%로 아직 낮은 수준이다. 화석연료 기반의 발전에서 재생에너지원으로의 에너지 전환이 절실한 실정이다. 우리나라는 유럽과 같이 풍력 자원이 풍부하지도, 지열 자원이 풍부하지도 않다. 풍부한 조류에너지 자원이 있지만, 연안 생태계와 수산업 보호를 위해 활용하는 데 한계가 있다. 우리나라의 재생에너지 자원 중 가장 활용도가 높은 에너지원이 태양광이라는 것은 누구도 부인하지 못한다.

2012년 RPS 제도가 시행된 후 태양광 사업은 많은 변화를 거쳤다. 2017년까지 태양광 사업은 퇴직을 앞둔 직장인에게 노후 준비의 대안으로 여겨졌을 정도로 인기가 높았다.

그러나 지난 2년 동안 태양광 관련 주요 키워드는 임야 가중치 0.7 하향 조정, 태양광 발전과 관련된 한전 직원 및 공공기관 사장과 담당자들의 비리, 연이은 ESS 화재사건, 현 정부의 탈원전 정책, 민간 부분의 태양광 개발 및 분양과 관련된 각종 사기 사건 등 희망적인 단어보다는 부정적인 단어로 채워졌다. '태양광 발전' 하면 떠오르는 단어는 사기, 비리, 난개발, 우후죽순, 산사태와 같은 온통 부정적인 단어들뿐이다. 태양광 발전 사업이 어쩌다 온통 부정적인 이미지로 덧씌워지고 지역 주민, 정치권, 언론 등으로부터 동네북이 되었는가?

최근 지자체의 조례 강화, 한전 계통연계 선로의 부족, 지역주민의 민원제기 등으로 인해 신규 태양광 사업 개발에 어려움을 겪고 있다. 여기에 더해서 신·재생에너지공급인증서(REC) 가격이 폭락하면서 태양광 사업은 이제 계륵(鷄肋)과 같은 존재가 되었다. 이러한 상황 변화는 결국 태양광 시장의 축소로 이어지게 되면서 중소 시공사의 고사 위기까지, 태양광 생태계는 큰 위기를 맞고 있다. 이에 필자는 빅데이터와 통계 자료 분석을 바탕으로 태양광 사업의 현주소를 살펴보고, 향후 REC 가격을 예측하고자 한다. 이를 통해 건전한 태양광 발전 생태계 유지 조건과 태양광 산업의 발전 방향을 제시하고자 한다.

이 책이 발간되기까지 물심양면으로 아낌없이 지원해준 두드림미디어의 한성주 대표님과 관계자 여러분께 진심으로 감사를 전한다.

윤인택

차 례

프롤로그 ······ 5

Part 1
동네북 된 태양광 사업

01 태양광 시장 현황 및 전망 ······ 13
02 태양광 발전 관련 언론 보도 빅데이터 분석 ······ 33
03 붕괴 직전의 태양광 생태계 ······ 58

Part 2
RPS 제도 및 REC 가격 동향

01 RPS 제도와 REC ······ 89
02 재생에너지원별 REC 생산량 ······ 96
03 REC 가격 동향 및 특징 ······ 120

Part 3
향후 REC 가격 예측

01 이론적인 방법에 의한 REC 가격 예측 ······ 133
02 수요·공급 관점에서 REC 가격 예측 ······ 142
03 의무 공급량에 따른 REC 가격 예측 ······ 174
04 REC 가격 예측 종합 ······ 180

Part 4
RPS 제도 개선 방향

01 REC 가격 폭락으로
    힘든 삶을 이어가는 A씨 ······ 187
02 REC 가격 폭락으로 불안에 떨고 있는
    발전 사업자 수는? ······ 196
03 REC 가격 폭락 원인 ······ 211
04 RPS 제도 개선 방안 ······ 216

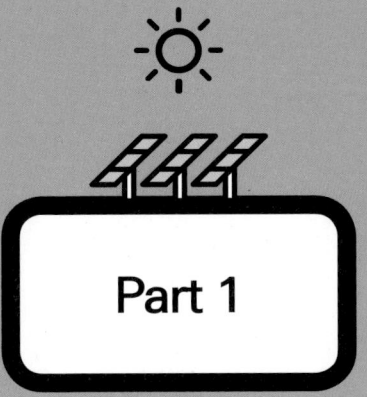

동네북 된
태양광 사업

01
태양광 시장 현황 및 전망

태양에너지는 태양열과 태양광으로 구분된다. 태양열은 태양의 열에너지를 변환시켜 에너지원으로 이용하는 설비이며, 태양광은 태양의 빛에너지를 변환시켜 전기를 생산하는 설비, 즉 태양광 발전 설비를 말한다. 여기서는 태양광 발전과 관련된 우리나라의 태양광 시장 현황과 전망을 살펴보고자 한다.

🌐 태양광 시장 현황

📍 **지금까지 얼마나 많은 태양광 발전소가 설치되었나?**

우리나라의 태양광 발전 시장은 사업용과 자가용으로 구분된다. 자가용은 주택 태양광 보급사업이나 사업장 내 자가 소비를 목적으로 설치된 태양광이다. 사업용 태양광 발전은 RPS 제도하에서 생산된 발전량을 판매할 목적으로 운영되는 설비다. 따라서 REC 판매를 목적으로 운영되는 설비는 사업용이므로 자가용에 대한 자료는 제외하고, 사업용 태양광 발전 시장에 대해서만 살펴보도록 한다.

2019년 말 기준으로, 우리나라에 설치된 사업용 태양광 발전의 총 설비 용량은 약 9,287MW[1]다. RPS제도가 시작된 2012년 총 설비 용량이 244MW이었던 점을 감안한다면, 2019년까지 연간 약 540%의 초고속 성장이 있었음을 알 수 있다. RPS 제도가 우리나라 태양광 발전 시장 확대에 기여했다는 점은 부인할 수 없는 사실이다.

지난 8년간 매년 새롭게 건설된 태양광 발전소 설치 용량을 보면, 2015년 설치 용량 대비 약 18.6% 감소한 2016년을 제외하고는 꾸준한 증가세를 보이고 있다. 2016년의 일시적인 설치 용량 감소는 2015년 1월에 계통한계 가격(SMP, System Marginal Price)이 kWh당 140.54원이었으나, 점차 가격이 하락해 2015년 7월에는 81.53원까지 떨어지면서 SMP 수익률이 40% 가까이 감소했기 때문이다. 여기에 더해 신·재생에너지 공급인증서(REC, Renewable Energy Certificate) 가격 역시 2012년 kWh당 219.77원대에서 2015년 91.45원

---

[1] 한국에너지공단, 신·재생에너지 공급 의무화(RPS) 지역별 설치 확인 개소 및 용량 개방 정보, www.data.go.kr

대로 하락하면서 태양광 설비에 대한 투자 감소로 이어진 것으로 보인다. 이후 2016년 REC 가격이 84.5원에서 160.21원으로 상승하면서, 2017년부터는 다시 신규 태양광 발전소 설치가 증가하게 되어 오늘에 이르렀다.

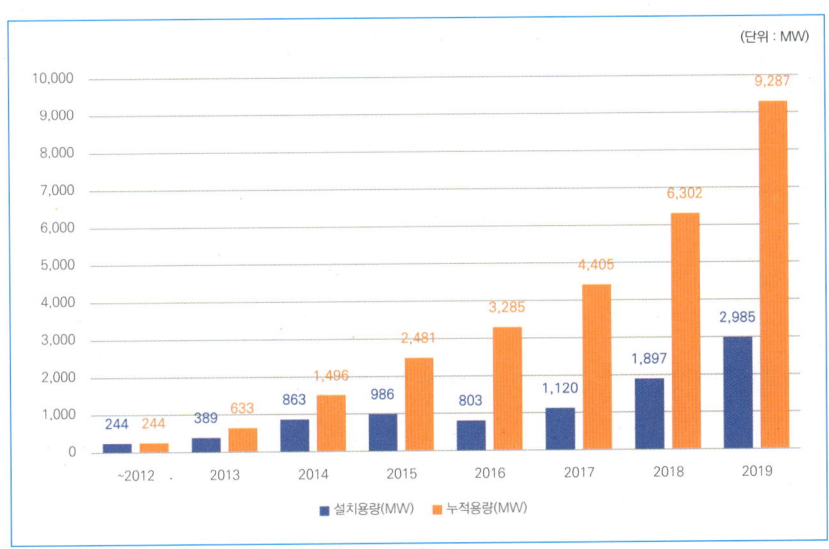

| 그림 | 우리나라 사업용 태양광 설비의 연도별 설치 용량 및 누적 용량(재편집)

 2019년 말 기준으로 우리나라에는 총 53,054개소의 태양광 발전소가 운영 중에 있다. 우리나라의 시·군·구가 총 229개이므로, 단순히 계산해도 단일 시·군·구당 평균 약 232개소의 태양광 발전소가 운영중에 있다는 의미다. 여기서 서울, 부산, 대구, 인천, 광주, 대전, 울산 등 특별시와 광역시에 속한 71개 구를 제외하면, 시·군당 평균 태양광 발전소 개소 수는 약 336개소가 된다. 우리나라 태양

광 발전소의 평균 용량을 175kW로 추산[2]한다면, 시·군당 여의도 면적의 1/4에 해당하는 면적에 태양광 발전소가 설치되었다는 계산이 나온다.

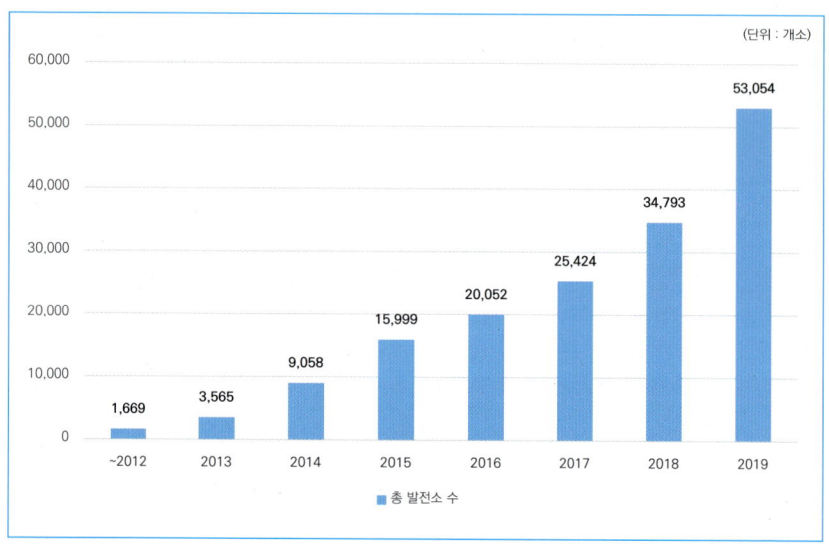

| 그림 | 우리나라 RPS 발전소 연도별 누적 개소 수 변화

2019년까지 건설된 53,054개소의 RPS 발전소를 다시 연도별·용량별로 구분한 후 특징을 알아보자. 100kW 미만 태양광 발전소의 연도별 설치 건수를 살펴보면, 2015년까지는 설치 건수가 매년 증가했으나, 2016년과 2017년에 일시 감소해, 2015년 설치 건수 대비 각각 48%, 34% 감소했다. 이후 2018년과 2019년에는 다시 증

---

2) 평균 용량(kW)=누적 발전소 용량(kW)/전체 발전소 수=9,287,000kw/53,054개소=175kW/개소, 4평/kW

가해, 2019년에는 2018년 설치 건수 대비 100% 증가한 14,291개소가 설치되었다. 이는 2019년 한 해 동안 개소 수 기준으로, 100kW 미만 전체 RPS 발전소의 33.10%가 설치되었음을 의미한다. 2019년 말 기준, 100kW미만 발전소의 총 개소 수는 43,178이다.

100kW~1MW 미만은 꾸준한 증가세를 보여, 지금까지 총 9,110개소의 발전소가 설치되었다. 2019년에 한 해 동안 3,846개소(전체의 42.2%)가 설치되었다. 1MW 이상은 2018년에 160건으로 정점을 이룬 후, 2019년에 124건으로 약간 감소한 것으로 나타났으며, 총 766개소의 발전소가 건설되었다.

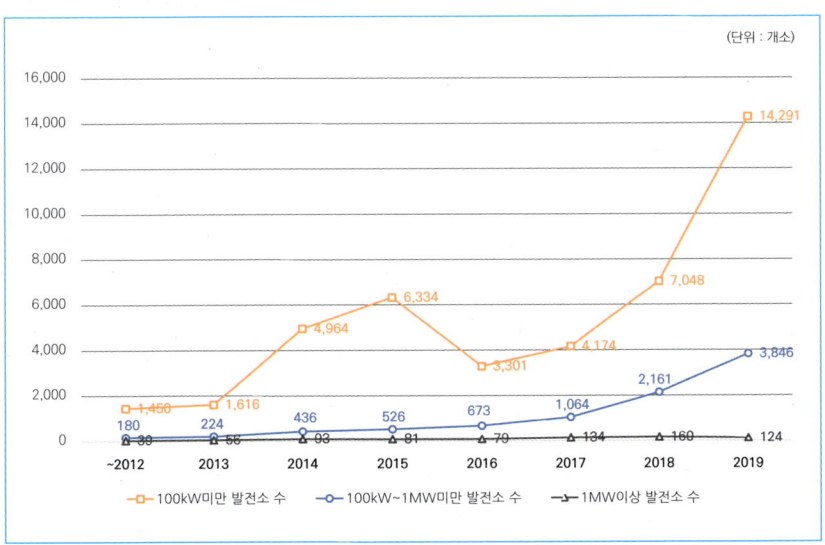

| 그림 | 우리나라 RPS 발전소 연도별·용량별 설치 개소 수 변화

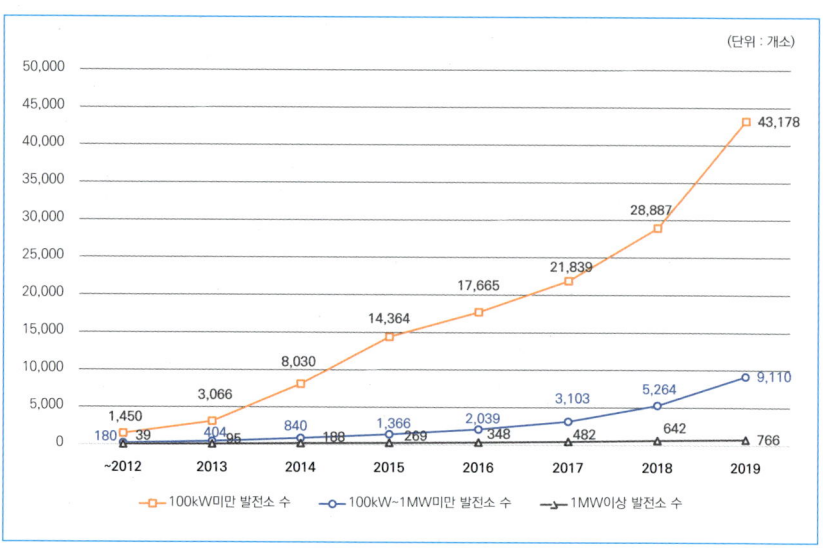

| 그림 | 우리나라 RPS 발전소 연도별, 용량별 누적 설치 개소 수 변화

발전소 수 기준으로 매년 125~254% 증가한 것으로 분석되었으며, 특히 2017년 25,424개소에서 2019년 53,054개소로 2년 동안 폭발적인 발전소 수의 증가가 있었음을 알 수 있다.

용량별로 살펴보면, 100kW 이하 발전소는 지금까지 총 43,178개소가 설치되어, 발전소 수 기준으로 약 81.39%, 용량 기준으로 35.14%를 차지한다. 100kW~1MW 미만은 총 9,110개소로 전체의 17.17%, 용량 기준으로는 44.28%를 차지한다. 그리고 1MW 이상은 발전소 수 기준으로 총 766개소 1.44%, 용량 기준으로 20.48%를 차지한다. 발전소 수 기준으로는 100kW 미만이 전체의 81.39%를 차지해 가장 많지만, 용량 기준으로는 100kW~1MW미만이 44.38%를 차지해 가장 많음을 알 수 있다.

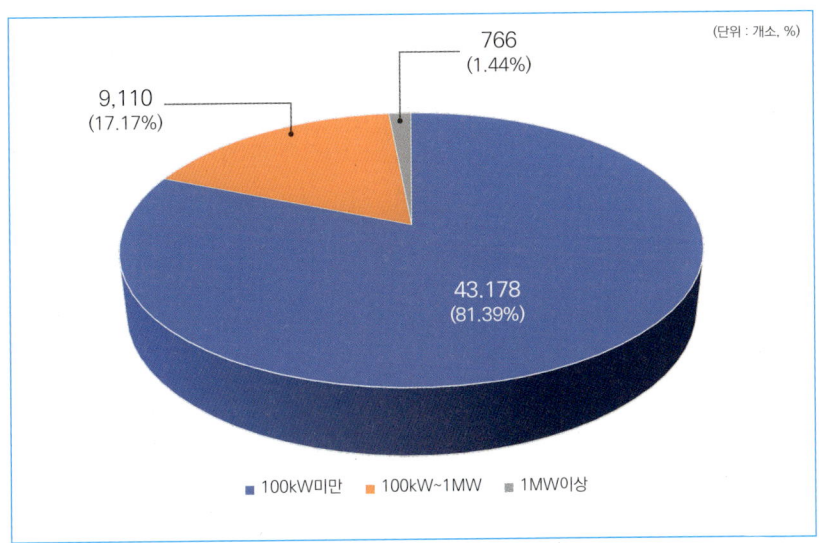

| 그림 | 우리나라 RPS 발전소의 용량별 개소 수

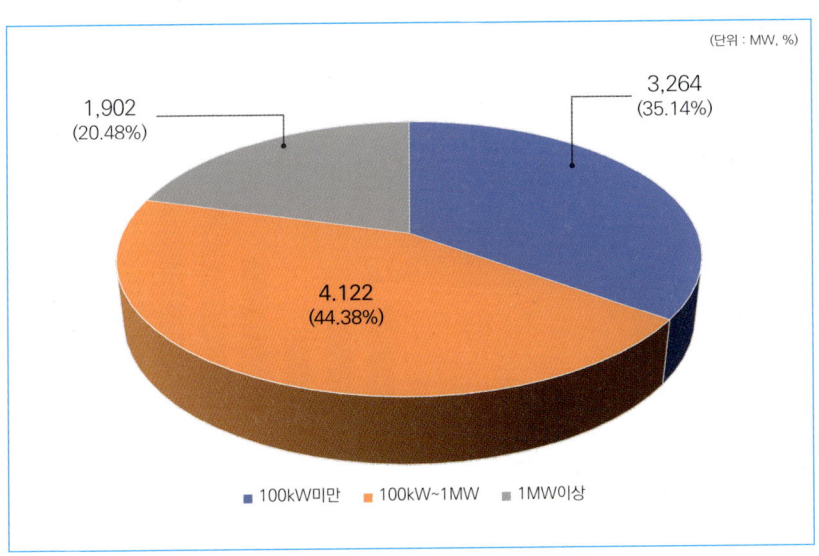

| 그림 | 우리나라 RPS 발전소의 용량별 구분

📍 지역별 태양광 발전소 설치 현황

2018년 말 기준 지자체별 발전소 수[3]는 전라북도가 9,040개소로서 전체 발전소 수 기준으로 약 25.96%를 차지해 가장 많이 설치된 지역이고, 다음으로 전라남도 6,060개소 17.40%, 충청남도 3,974개소 11.41%, 그리고 경상북도 3,524개소 10.12% 순이다. 전라남도와 전라북도를 합한 전라도 지역이 총 15,100개소로서 우리나라에 설치된 발전소의 약 43.36%를 차지함을 알 수 있다. 다음으로 충청남도와 충청북도가 17.57%, 경상남도와 경상북도가 16.33%를 차지해 호남권, 충청권, 영남권이 우리나라 발전소 설치 건수의 약 77.26%를 차지한다.

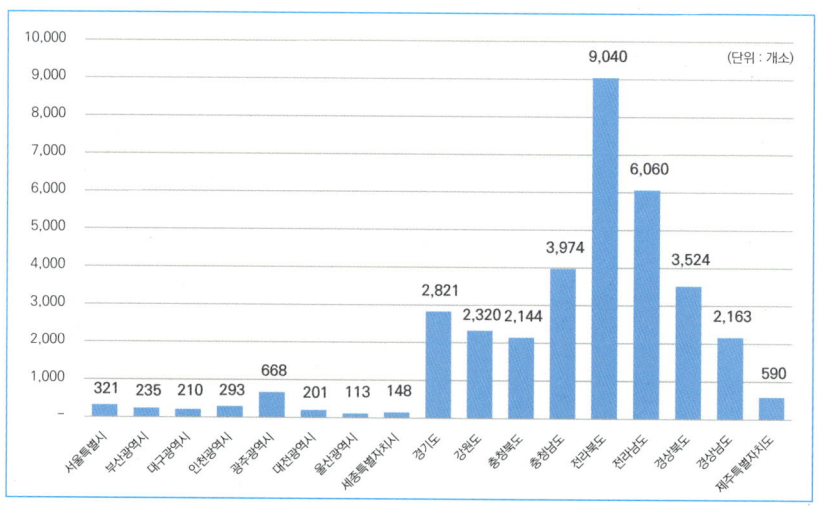

| 그림 | 우리나라 지역별 RPS 발전소 설치 개소 수

---

3) http://recloud.energy.or.kr/main/main.do, 2018년 자료가 지역별 발전소 수 및 용량에 대한 가장 최신 자료임.

지역별 태양광 발전소 누적 용량은 전라남도가 1,335MW로 우리나라 총 발전 용량의 21.19%를 차지하고, 다음으로 전라북도 1,135MW, 18.01%, 충청남도 817MW, 12.97% 순이다. 설치 개소 수는 전라북도가 최다지만, 용량 기준으로는 전라남도가 가장 많음을 알 수 있다. 단위 개소 당 평균 발전 용량은 전라북도가 약 125kW, 전라남도가 약 220kW 규모로, 전라남도에 상대적으로 용량이 큰 발전소가 많이 설치되었다는 것을 알 수 있다.

서울특별시를 포함한 6대 광역시의 경우, 평균 용량은 180kW 규모로 나타났다.

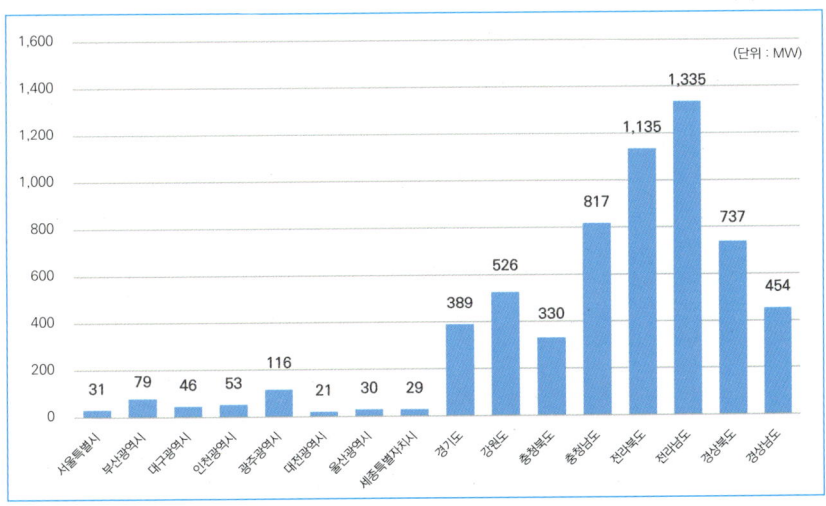

| 그림 | 우리나라 지역별 RPS 발전소 누적 용량

한국에너지공단에서 제공하는 재생에너지 클라우드 플랫폼의 자료를 이용해, 2018년 17개의 광역시도의 월별 발전량 특성을 살펴보았다. 지자체별 발전 용량이 다르기때문에 단순하게 월별 발전량을 비교하는 것은 의미가 없다. 따라서 지자체별 월별 발전량을 지자체별 설비 용량과 월별 발전 일수를 곱한 후, 나누어주게 되면 월별 일 평균 발전 시간을 산출할 수 있다. 이러한 방법으로 지역별 월 평균 일 발전 시간을 구한 후, 우리나라 전체에 대해 평균을 하게 되면 우리나라의 연간 일 평균 발전 시간(일조 시간)을 추산할 수 있게 된다. 설비의 고장이나 일시 가동 중간 없이, 설비 용량 기준으로 발전한다는 가정하에 추산했다.

분석 결과, 우리나라의 년 평균 일조 시간은 3.6시간으로 나타났다. 이는 일반적으로 태양광 발전 경제성 분석 시 사용하는 우리나라의 연평균 일조 시간 3.6시간과 일치하는 값이다.

지역별로는 일조 시간이 가장 높은 지자체는 충청남도로 3.75시간으로 나타났다. 다음으로 전라북도와 경상북도가 3.73시간, 그리고 전라남도와 대구광역시가 3.68시간이다.

| 표 | 지자체별 연평균 일조 시간 분석 결과 (단위 : 시간/일)

지자체명	1	2	3	4	5	6	7	8	9	10	11	12	평균
서울특별시	2.73	3.72	3.67	4.07	4.06	4.42	3.94	3.84	3.85	3.66	2.69	2.71	3.61
부산광역시	2.95	3.75	3.75	4.26	3.96	3.88	4.28	3.82	2.76	3.48	2.88	2.59	3.53
대구광역시	3.31	3.77	3.95	4.37	4.24	4.32	4.04	3.81	3.07	3.71	2.85	2.74	3.68
인천광역시	2.71	3.56	3.68	3.99	3.95	4.21	4.06	3.93	3.79	3.57	2.58	2.59	3.55
광주광역시	2.32	2.69	3.73	4.30	3.98	4.29	4.39	3.89	3.49	3.66	2.92	2.44	3.51
대전광역시	2.22	3.35	3.67	4.27	4.30	4.42	4.21	3.75	3.56	3.42	2.59	2.51	3.52
울산광역시	3.27	3.98	3.78	4.44	4.00	3.72	3.88	3.94	2.75	3.62	2.98	2.74	3.59
세종특별자치시	2.28	3.26	3.73	4.36	4.25	4.31	4.27	3.82	3.58	3.50	2.63	2.58	3.55
경기도	2.42	3.52	3.65	4.11	4.09	4.37	4.09	3.89	3.73	3.45	2.65	2.56	3.54
강원도	2.79	3.82	3.87	4.42	4.29	4.56	4.08	3.68	3.67	3.51	2.61	2.72	3.67
충청북도	2.42	3.61	3.74	4.20	4.14	4.43	4.20	3.80	3.52	3.43	2.63	2.49	3.55
충청남도	2.51	3.70	3.98	4.37	4.26	4.45	4.56	4.09	3.88	3.80	2.81	2.63	3.75
전라북도	2.54	3.48	4.00	4.40	4.18	4.41	4.49	4.07	3.80	3.78	2.98	2.58	3.73
전라남도	2.78	3.33	3.92	4.34	3.94	4.35	4.45	3.97	3.45	3.92	3.23	2.51	3.68
경상북도	3.13	4.02	4.02	4.55	4.24	4.23	4.18	3.71	3.24	3.75	2.88	2.80	3.73
경상남도	3.14	3.70	3.86	4.25	3.97	3.98	4.04	3.61	2.98	3.68	2.97	2.71	3.58
제주특별자치도	2.18	2.91	3.78	4.29	3.47	3.86	4.10	3.73	3.07	3.71	3.15	1.91	3.35
평균	2.69	3.54	3.81	4.29	4.08	4.25	4.19	3.84	3.42	3.63	2.83	2.58	3.60

　우리나라 17개 지자체에 대한 월 평균 일조 시간을 구하면 위의 표와 같다. 12월이 2.58시간으로 가장 낮고, 4월에 4.29로 가장 높게 나타났다. 즉, 한여름보다는 적당한 바람이 부는 4~6월에 발전 효율이 가장 높다는 것을 알 수 있다.

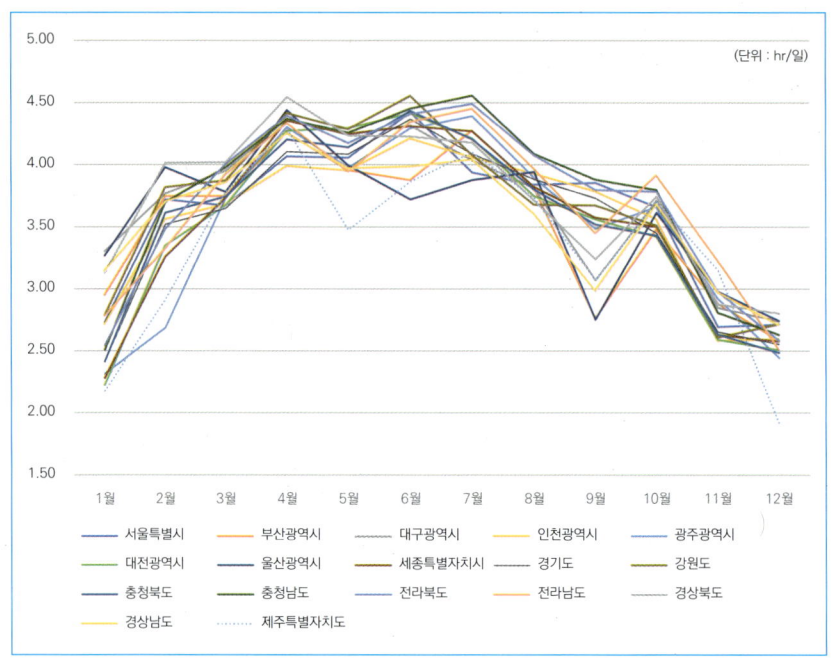

| 그림 | 17개 광역 지자체별 월별 일조 시간

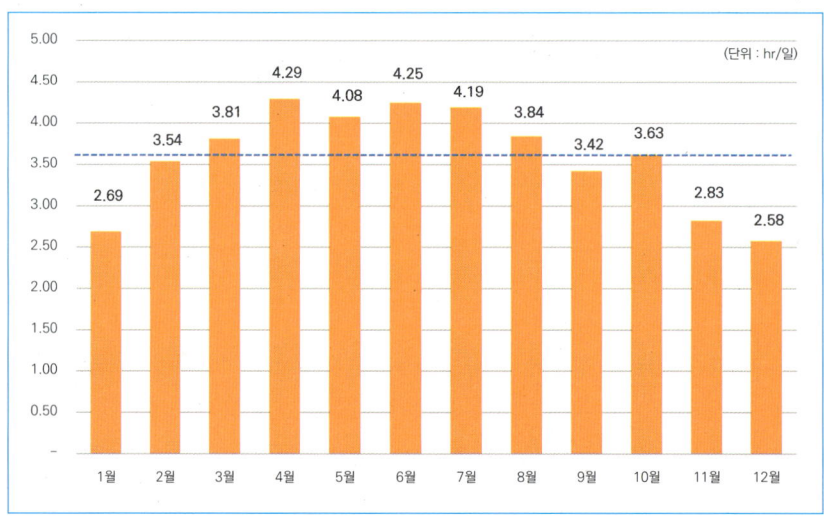

| 그림 | 우리나라 평균 월별 일조 시간

태양광을 설치하고자 하는 주소지에 대한 경제성 분석 시 활용이 가능하도록 지자체별 월별 발전량 기여율(%)을 분석했다. 해당 지자체의 월별 발전량 기여율은 전체 발전량을 월별로 세분화한 것으로, 이 자료를 이용해 지역별 월별 발전량에 따른 수익성 계산이 가능하다. 즉, 경제성 분석 시 지역의 특성이 고려된 좀 더 의미 있는 결과를 도출할 수 있을 것으로 보인다.

| 표 | 지자체별 월별 발전량 기여율 (단위 : %)

지자체명	1	2	3	4	5	6	7	8	9	10	11	12
서울특별시	6.3	8.6	8.5	9.4	9.4	10.2	9.1	8.9	8.9	8.4	6.2	6.3
부산광역시	7.0	8.9	8.9	10.1	9.3	9.2	10.1	9.0	6.5	8.2	6.8	6.1
대구광역시	7.5	8.5	8.9	9.9	9.6	9.8	9.1	8.6	6.9	8.4	6.4	6.2
인천광역시	6.4	8.4	8.6	9.4	9.3	9.9	9.5	9.2	8.9	8.4	6.1	6.1
광주광역시	5.5	6.4	8.9	10.2	9.4	10.2	10.4	9.2	8.3	8.7	6.9	5.8
대전광역시	5.3	7.9	8.7	10.1	10.2	10.4	10.0	8.9	8.4	8.1	6.1	5.9
울산광역시	7.6	9.2	8.8	10.3	9.3	8.6	9.0	9.1	6.4	8.4	6.9	6.4
세종특별자치시	5.4	7.7	8.8	10.2	10.0	10.1	10.0	9.0	8.4	8.2	6.2	6.1
경기도	5.7	8.3	8.6	9.7	9.6	10.3	9.6	9.1	8.8	8.1	6.2	6.0
강원도	6.3	8.7	8.8	10.0	9.7	10.4	9.3	8.4	8.3	8.0	5.9	6.2
충청북도	5.7	8.5	8.8	9.9	9.7	10.4	9.9	8.9	8.3	8.3	6.2	5.8
충청남도	5.6	8.2	8.8	9.7	9.5	9.9	10.1	9.1	8.6	8.4	6.2	5.8
전라북도	5.7	7.8	9.0	9.8	9.3	9.9	10.0	9.1	8.5	8.5	6.7	5.8
전라남도	6.3	7.5	8.9	9.8	8.9	9.8	10.1	9.0	7.8	8.9	7.3	5.7
경상북도	7.0	9.0	9.0	10.2	9.5	9.5	9.3	7.2	8.4	6.4	6.3	
경상남도	7.3	8.6	9.0	9.9	9.3	9.3	9.4	8.4	7.0	8.6	6.9	6.3
제주특별자치도	5.4	7.3	9.4	10.7	8.6	9.6	10.2	9.3	7.6	9.2	7.8	4.8
평균	6.2	8.2	8.8	10.0	9.4	9.8	9.7	8.9	7.9	8.4	6.6	6.0

🌐 태양광 시장 전망

📍 우리나라 태양광 발전 시장 전망

우리나라의 태양광 발전 시장을 전망하기에 앞서, 지금까지 kW당 태양광 투자비를 살펴봐야 한다. kW당 태양광 발전 단가는 다양한 변수에 의해 영향을 받는다. 설치 장소나 설치 용량이 가장 큰 변수다. 예를 들면, 토지에 설치할 것인지, 건물 지붕에 설치할 것인지, 100kW 용량을 설치할 것인지, 1MW를 설치할 것인지, 모듈이나 인버터는 어떤 제조사의 제품을 사용해 시공할지 등에 따라 설치 비용은 달라지게 된다. 태양광 시장 규모는 예상 설치 용량에 설치 단가를 곱해 추산하기 때문에 연도별 kW당 예상 투자비 자료가 필요하다.

▶ 시설 규모별 kW 당 설치 비용

가끔 접하는 인터넷 광고 중 "1MW 설치 비용 9.5억 원"이라는 내용의 광고를 보게 된다. 태양광 사업을 하면서 많은 사람들이 가장 궁금해하는 내용 중 하나가 kW당 얼마에 시공하는 것이 합리적인지에 대한 의문이다. 시공업체마다 제시하는 가격이 다르기 때문에 태양광 사업을 시작하는 사업자의 입장에서는 혼란스럽게 된다. kW당 투자 비용에 대한 좀 더 객관적인 자료를 사용하고자, 여기서는 2018년 1월에 한국전력공사에서 발표한 자료[4]를 바탕으로 살펴보

---

4) 균등화 발전 원가 해외사례 조사 및 시사점 분석, 한국전력공사, 2018.01

고자 한다. 연구에 의하면, '2008년 이후 2017년까지 지난 10년간 태양광 설치 비용이 평균 77% 하락했으며, 특히 태양광 발전의 설비 투자비에서 가장 큰 부분을 차지하는 모듈의 가격 비중이 2008년 57%에서 2017년 22.7%까지 하락했다'고 보고하고 있다.

한국전력공사 연구에서는 설비 용량별 투자비를 추산하기 위해 '용량 보정 방식'이라는 방법을 사용했다. 용량 보정 방식은 일반적으로 설비 용량이 커짐에 따라 단위 비용이 하락하는 점에 착안한 방법이다. 동일 또는 유사 기술이 적용되고 용량이 다른 설비의 투자 비용을 추산하고자 할 때 사용하는 방법으로, 이때 적용되는 보정지표를 용량보정계수라 한다.

한국전력공사 연구에서는 100kW급 및 1MW급 투자비를 산출하기 위해, 한국에너지공단에서 보유하고 있는 100kW급 9,530개, 1MW급 643개 자료를 이용했다. 분석 결과, 100kW급 소규모태양광의 경우 1MW급 태양광 설비 투자비 단가 대비, 2013~2017년 기준으로 약 9.8% 높은 수준으로 나타났다. 2017년 기준으로 100kW 투자비는 180만 원/kW, 1MW 투자비는 이보다 4.6% 낮은 172만 원/kW로 분석했다.

| 표 | 태양광 설비 규모에 따른 연도별 평균 단가 추이

(단위: 만 원/kW)

구분		2013	2014	2015	2016	2017	5년 평균
가중 평균 단가	100kW	257	237	216	197	180	–
	1MW	237	217	188	176	172	–
1MW 대비 증감률(%)		8.5%	9.5%	15.1%	11.6%	4.6%	9.8%

한국전력공사의 연구 결과를 바탕으로, 100kW, 1MW에 대한 선형 추세선을 구하고, 이를 적용하면 2022년까지 100kW 및 1MW에 대한 KW 당 설비 투자비 단가를 추산할 수 있다. 결과에 의하면 2022년에 kW당 투자비는 100kW의 경우 81만 원/kW, 1MW의 경우에는 78.30만 원/kW이다. 2017년의 경우 1MW 대비 증감률이 4.6%였으나, 2022년에는 4.2%로 소폭 감소하는 것으로 분석되었다. 이 자료는 태양광 발전 시장 전망 및 경제성 분석 시 일관되게 활용했다.

| 표 | 한국전략공사 연구 결과를 바탕으로 추산한 태양광 발전 평균 단가 추이

(단위: 만 원/kW)

구분		2012	2013	2014	2015	2016	2017
가중 평균 단가	100kW	275.60	257.00	237.00	216.00	197.00	180.00
	1MW	249.30	237.00	217.00	188.00	176.00	172.00
평균 단가		262.45	247.00	227.00	202.00	186.50	176.00
구분		2018	2019	2020	2021	2022	
가중 평균 단가	100kW	159.20	139.80	120.40	101.00	81.60	
	1MW	146.70	129.60	112.50	95.40	78.30	
평균 단가		152.95	134.70	116.45	98.20	79.95	

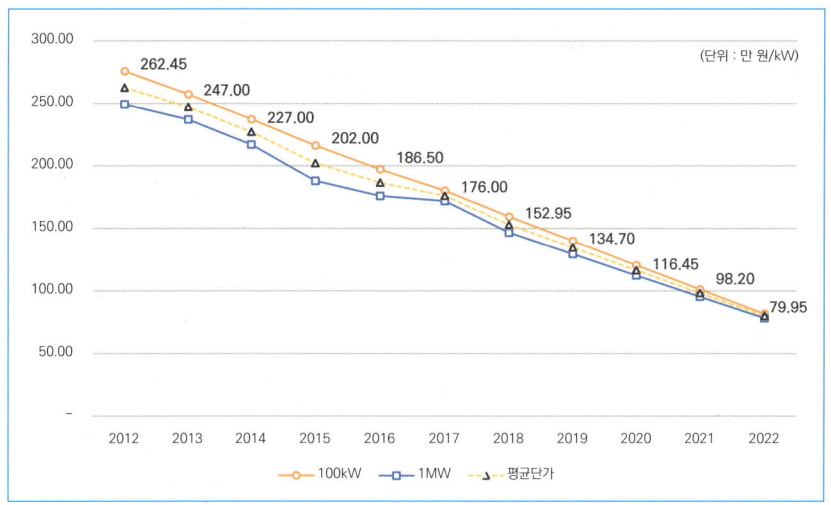

| 그림 | kW당 태양광 발전 투자비 추이

▶ 우리나라 태양광 발전 시장 규모 추정

우리나라의 태양광 시장 규모 추산 방법은 2012년 이후 2018년까지 연도별 태양광 설비 설치 용량 자료를 이용해 선형 회귀식을 구한 후, 여기에 kW당 예상 설치 비용을 곱해 추산했다. 가정은 다음과 같다.

- kW당 설치 비용이 2012년 262.45만 원에서 2022년 79.95만 원으로 감소한다.
- 2020년 이후 연간 예상 설치 용량은 2012~2018년까지 회귀분석 결과를 이용해 추산했다.

우리나라의 태양광 시장은 2020~2022년까지 연간 약 3조 5,000

억 원 규모로 추정된다. 설치 용량은 증가하지만, 전술한 바와 같이 kW당 설치 단가는 감소하기 때문이다. 이러한 시장 규모는 이론적인 시장 전망으로 실제와는 다를 수 있다.

2019년 7월 1일 농지법이 개정되면서 염해 농지에 태양광 설치가 가능해지고, 새만금개발청의 새만금 지역에 4GW 건립을 계획하고 있는 등 대규모 사업 위주로 개발될 가능성이 높기때문에, 실제 시장에서 체감하는 시장 규모와는 차이가 날 수 있다. 염해 농지의 경우, 토양의 잔존 염분을 측정해 5.5dS/m 이상인 경우 최대 20년까지 태양광 발전 시설을 설치할 수 있다. 단, 기준 염도 5.50dS/m 이상인 지역이 사업 지역 내 농지 면적의 90% 이상일 경우 가능하며, 태양광 발전 설비를 설치할 수 있는 규모는 면적 기준 $100,000 m^3$ 이상이어야 한다. 자세한 내용은 다음과 같다.

농지법 시행 규칙
제31조의2(태양에너지 발전 설비를 설치할 수 있는 지역 등) ① 법 제36조제1항제4호가목에서 '토양 염도가 일정 수준 이상인 지역 등 농림축산식품부령으로 정하는 지역'이란 사업 구역 내의 농지 면적 중 100분의 90 이상이 농림축산식품부장관이 정하는 방법으로 측정된 필지별 토양 염도가 5.50데시지멘스 퍼 미터(dS/m) 이상인 지역을 말한다.

공유수면매립지 내 태양에너지 발전 설비의 설치 등에 관한 규정
제3조(설치 규모) ① 농지법(이하 '법'이라 한다) 제36조 제1항 제4호 나목에 따른 태양에너지 발전 설비를 설치할 수 있는 규모(이하 '설치 규모'라 한다)는 설치 면적 기준 10만 제곱미터 이상으로 한다. 이 경우 사업 구역 내 각 필지끼리는 1면

이상 연접(필지 사이에 농로·구거 등 농업생산기반시설이 있는 경우에는 연접한 것으로 본다)해야 한다.
② 제1항 전단에도 불구하고 다음 각 호의 어느 하나에 해당하는 자가 태양에너지 발전 설비를 설치하는 경우에는 설치 규모를 설치 면적 기준 5만 제곱미터 이상으로 한다.
1. '농지법 시행령'(이하 '영'이라 한다) 제3조에 따른 농업인으로서 '농어업경영체 육성 및 지원에 관한 법률' 제4조에 따른 농업경영정보를 등록한 후 2년이 경과한 자
2. 태양에너지 발전 설비를 설치하려는 시·군 또는 연접 시·군에 2년 이상 주민등록이 되어 있는 자
3. 제1호 또는 제2호의 자가 전체 구성원의 100분의 80 이상이면서 업무 집행권의 100분의 50 이상을 가진 법인 또는 조합
③ 다른 공유수면매립지와 분리되어 독립적으로 조성된 단독의 공유수면매립지 내 전체 농지 면적이 제1항 또는 제2항에 따른 설치 규모 미만이면서 제9조에 따라 결정된 필지별 토양 염도가 기준 염도 이상인 농지 면적이 전체 농지 면적의 100분의 90 이상인 경우 전체 농지 면적에 태양에너지 발전 설비를 설치할 수 있다.

지금까지의 태양광 시장 추세는 성장세이지만 현실은 녹녹하지 않은 상황이다. 최근 태양광 발전 사업 규모가 대형화되면서, 대기업이나 공공기관이 태양광 시장을 독점하는 현상이 뚜렷해지고 있다. 이러한 상황에서 시장 규모는 증가하지만, 중소 시공사가 참여할 수 있는 시장은 극히 제한적일 것으로 예상된다. 과거 100kW 규모의 소형 태양광 발전소 건설이 활발하게 이루어졌던 상황이 재현되기는 어려울 것으로 전망된다.

| 그림 | 2022년까지 태양광 설비 시장 규모 추산

02
태양광 발전 관련 언론 보도 빅데이터 분석

　2017년 이후 태양광과 관련된 핵심이슈 중 하나는, 언론과 방송의 태양광 발전에 대한 부정적인 보도다. 신·재생에너지원의 확대는 미래세대를 위해 우리가 지금 선택해야 하는 선택의 문제가 아니라 반드시 가야 할 방향이다. 태양광 발전소가 초기 토지 비용이 저렴한 임야 위주로 개발되면서, 이로 인한 주민과의 갈등, 여름 장마철 산사태 등 여러 부작용을 낳았던 것도 사실이다. 그럼에도 불구하고 태양광 발전에 대한 일방적이고 의도적인 부정적 보도는 태양광 산업의 발전을 저해하는 요인으로 작용하고 있다.

　태양광 발전소에 대한 부정적인 인식을 살펴보면, 2010년대 초기에서 2015년까지는 주로 태양광 발전소에서 전자파가 발생해 인체에 유해하고 가축의 유산으로 이어진다거나, 태양 전지판의 빛 반사로 인해 교통사고를 유발한다거나, 태양광 발전 설비 주변 온도 상승으로 인해 농작물이나 가축에 피해를 유발한다는 등의 내용이 주를 이루었다. 이러한 초기의 부정적인 인식은 태양광 발전소 건설 지역 주변 주민들이 제기했던 문제들이다.

2017년 이후 문재인 정부가 들어서면서 태양광 발전은 예상치 못한 새로운 국면을 맞게 된다. 문재인 정부가 출범하면서, 2017년 6월 27일부터 3개월 동안 신고리 원전 5, 6호기 공사 중단 여부에 대한 공론화가 시작되었다. 공론화위원회를 구성하고 공사 중단 여부에 대한 검토에 들어가면서부터 태양광 발전은 탈원전정책의 대칭점에 서게 된 것이다. 결론적으로 건설 재개 59.5%, 중단 40.5%로 건설을 재개하기는 했지만, 이 이슈는 보수 세력과 진보 세력을 구분했고, 각종 정쟁의 중심에 놓이게 한 원인을 제공했다. 이후 태양광 발전 사업은 문재인 정부의 탈원전 정책과 연계해서 보는 시각이 많아졌다. 보수언론의 지속적인 태양광 발전에 대한 부정적인 기사를 쏟아내면서 현재에 이르고 있다.

언론은 문장을 통해 사람의 사고(思考)를 장기적으로 변화시키지만, 방송은 시각과 청각을 통해 정보를 제공함으로써 어떤 사실에 대해 단기간에 큰 영향을 주게 된다. 2017년 이후 보수 언론의 태양광 관련 부정적 보도, 예를 들면, 잇따른 ESS 화재사고, 태양광 관련 사기 사건 등을 통해 태양광에 대한 부정적인 인식을 심화시키는 데

일조했다. 2019년 공영방송인 KBS는 2주에 걸쳐 태양광 사업에 대한 부정적인 방송을 내보내면서, 태양광 사업은 이제 더이상 하면 안 되는 사업처럼 인식시키기에 충분했다.

여기서는 2016년 이후 태양광 발전과 관련된 검색어 키워드를 이용해 시간에 따른 일반인들의 관심도 변화를 살펴보고, 2012~2019년까지 보도된 언론기사를 대상으로 빅데이터 분석을 수행했다.

태양광 발전에 대한 관심도 변화 분석

태양광 관련 키워드 검색 트렌드 분석

네이버의 Data Lab에서 제공하는 검색어 트렌드를 이용해, 태양광 관련 핵심 4개의 키워드 즉, '태양광 발전', 'REC', 'SMP', 그리고 'ESS'를 검색하고, 그 결과를 분석했다. 분석 기간은 2016년 1월 1일부터 2020년 2월 25일까지, 총 1,517일이다. 검색 조건은 모바일과 PC를 통해 검색한 키워드다.

4개의 키워드 간 상관관계는 크지 않은 것으로 나타났다. SMP와 REC 간 검색 상관계수가 0.429로 가장 높은 상관관계를 보였고, 나머지 키워드 간 상관관계는 크지 않았다. 여기서 키워드별 상관관계란, 동일 일(日)에 4개의 키워드를 이용해 검색한 수에 대한 상대적

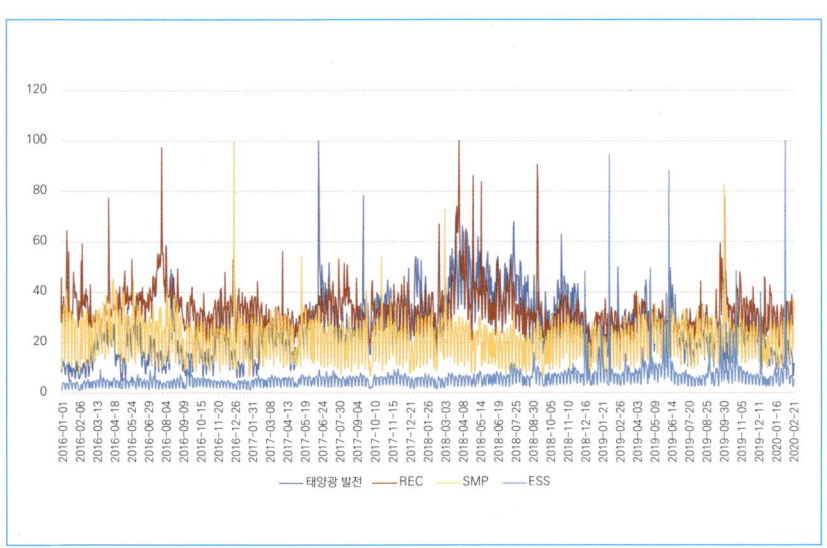

| 그림 | 네이버 데이터랩을 이용한 키워드별 검색 트렌드(2016.01.01~2020.02.25)

인 상관성이다. 예를 들어, SMP 검색한 건수와 REC를 검색한 건수 사이의 연관성이 있는지 여부를 보는 것이다. 이러한 결과는 어쩌면 당연한 결과일 수 있다. 키워드 중 '태양광 발전'은 태양광에 대한 일반적인 키워드이지만, SMP, REC, ESS 등은 전문적인 키워드이기 때문에 일반인이 검색어로 사용하는것은 쉽지 않기 때문이다.

| 표 | 네이버 검색어 트렌드 분석 시 키워드 간 상관관계

구분	ESS	태양광 발전	REC	SMP
ESS	1.000	0.180	0.109	0.297
태양광 발전		1.000	0.286	0.229
REC			1.000	0.429
SMP				1.000

| 표 | 네이버 검색어를 이용한 키워드 간 통계 분석

구분	ESS	태양광 발전	REC	SMP
평균	6.011	24.973	32.432	21.717
중간값	5.403	22.606	31.764	23.389
표준편차	5.803	11.950	8.926	8.081
합계	9,119	37,884	49,200	32,945
자료 수	1,517	1,517	1,517	1,517

'태양광 발전' 키워드는 태양광 발전에 대한 일반인의 관심도를 나타내는 지표이다. 2018년 3월까지 '태양광 발전' 검색 건수는 지속적으로 증가 추세였으나, 이후 하락 추세를 보이고 있다. 이는 태양광 발전에 대한 관심도가 저하되고 있음을 간접적으로 나타내주고 있음을 의미한다고 할 수 있다. 여기서 y축의 100이라는 의미는 전체 기간 동안 검색을 가장 많이 한 날짜의 검색 건수가 100이라는 의미다. 즉, 값이 50이라면 최대 검색 일수의 검색 횟수의 절반만이 '태양광 발전'이라는 키워드로 검색했다고 이해하면 된다. '태양광 발전' 키워드는 2017년 6월 18일에 가장 많은 검색이 이루어졌다.

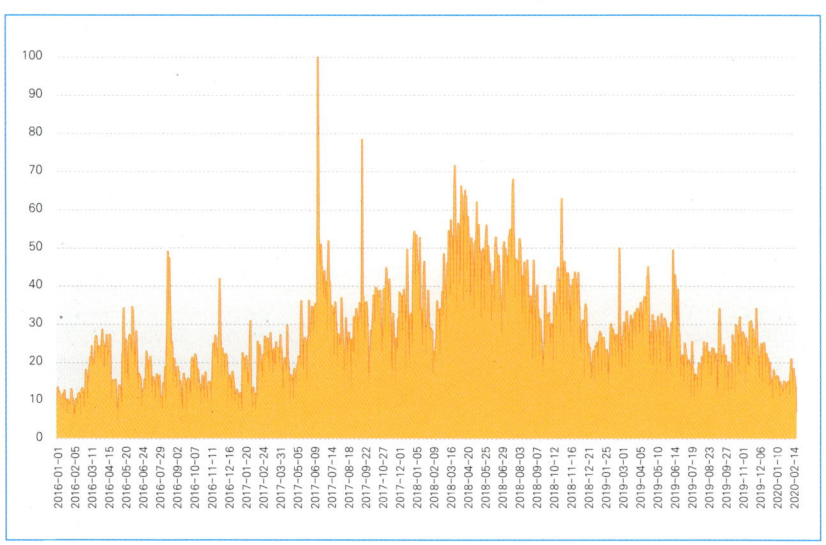

| 그림 | 네이버 데이터랩을 이용한 '태양광 발전' 키워드 검색 트랜드(2016.01.01~2020.02.25)

 'REC' 키워드는 '태양광 발전' 키워드와는 달리, 꾸준한 검색을 기록하고 있는 것으로 나타났다. 이는 기존 발전 사업자 중 현물 시장에 참여하는 사람들의 가장 관심 있는 주제어이기 때문이다. REC 가격이 지속적으로 하락한 시점 이후에도 검색 키워드의 변화는 크지 않은 것으로 나타났다.

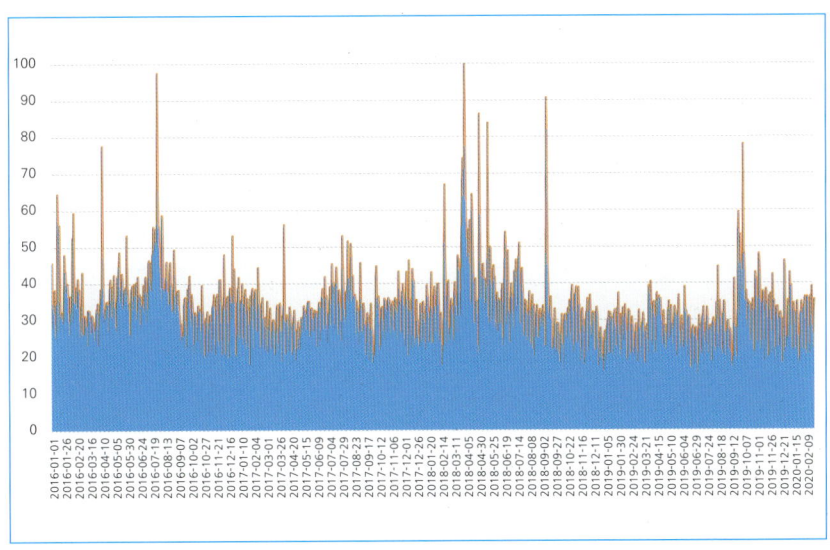

| 그림 | 네이버 데이터랩을 이용한 'REC' 키워드 검색 트랜드(2016.01.01~2020.02.25)

'ESS' 키워드는 2018년 말부터 꾸준히 검색 건수가 증가한 것으로 나타났다. 이는 2018년부터 시작된 잇따른 ESS 화재 사건과 관련성이 큰 것으로 판단된다. ESS 화재 관련 그간의 경과는 아래 표에 정리했다.

| 표 | ESS 화재 관련 그간의 경과

구분	주요 내용
2017.08	전북 고창 전력시험센터에서 최초로 ESS 화재 발생
2018.11.28	정부는 ESS 화재 대응을 위한 1) 시공단계 안전기준 보완(시공사 자격, 설치기준 강화, 용량제한 검토 등), 2) ESS 시스템 안전기준을 마련하겠다고 발표
2018.12.17	정부는 정밀안전진단이 완료되지 않은 모든 ESS 사업장의 경우 가동을 중단하고, 정밀 안전점검 후 가동할 것을 권고함

2018.12~2019.01	국내 모든 ESS 사업장(약 1,300개)에 대해 정밀 안전점검 실기
2019.01	민관 합동 ESS 사고조사위원회 출범
2019.05.02	정부 'ESS 안전대책과 ESS 산업생태계 육성 방안' 6월 초 발표 예고
2019.05.04	경북 칠곡군 소재 ESS 화재 발생
2019.12	누적 ESS 화재 발생 건수 총 28건

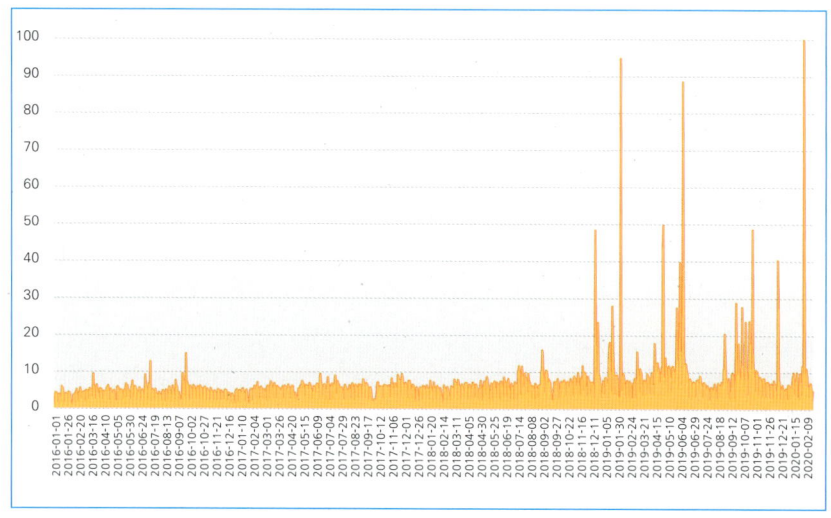

| 그림 | 네이버 데이터랩을 이용한 'ESS' 키워드 검색 트랜드(2016.01.01~2020.02.25)

 태양광 관련 키워드 트렌드 분석 결과, '태양광 발전' 키워드는 2018년 3월 이후 감소 추세에 있어, 과거에 비해 태양광에 대한 관심이 상대적으로 감소하는 것으로 나타났다. 반면 'REC'는 지속적으로 검색이 이루어지고 있음을 알 수 있다. 또한 'ESS' 키워드는 2018년 이후 잇따른 ESS 화재의 영향으로 2018년 말부터 꾸준히 증가한 것으로 나타났다.

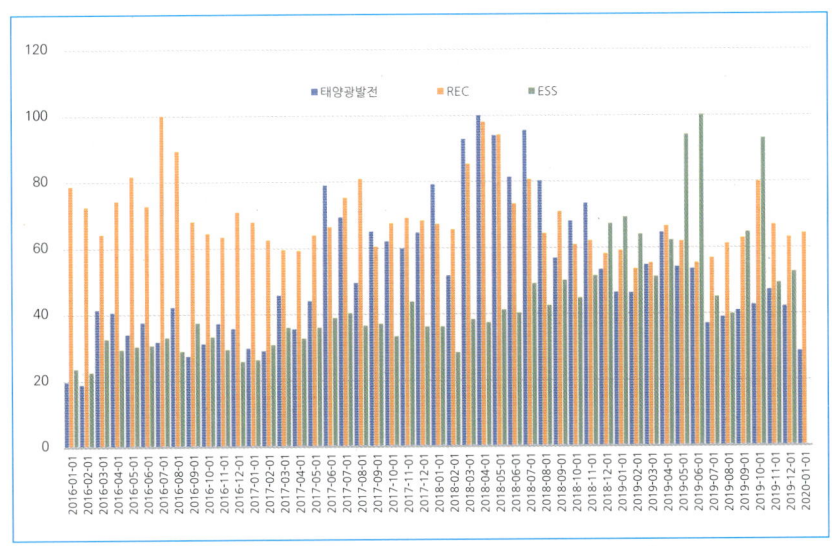

| **그림** | 월별 '태양광 발전', 'REC', 'ESS' 키워드 검색 트렌드(2016.01~2020.01)

🌐 언론 보도 내용 빅데이터 분석

📍 빅카인즈를 이용한 '태양광 발전' 관련 언론 보도 내용 빅데이터 분석

태양광 발전 관련 뉴스 및 언론 보도 내용 빅데이터 분석은 한국언론진흥재단에서 제공하는 빅카인즈[5]를 이용했다. 빅카인즈는 지난 30년간, 총 54개 신문 및 방송사에서 발표한 약 6,000만 건의 뉴스를 DB화하고, 이를 이용해 빅데이터 분석이 가능하도록 서비스를 제공하는 사이트다.

---

5) www.bigkinds.or.kr. 빅카인즈 서비스는 종합일간지, 경제지, 지역일간지, 방송사 등과 같은 다양한 언론사로부터 수집한 뉴스로 구성된 통합데이터베이스에 빅데이터 분석 기술을 접목해 만든 새로운 뉴스 분석 서비스다.

분석 DB는 중앙지 11개[6], 경제지 8개[7], 지역종합지 28개[8], 방송사 5개[9], 그리고 전문지 2개[10] 등 총 54개 언론사의 뉴스 정보를 포함하고 있다. 빅데이터 분석을 위해 사용한 키워드는 '태양광 발전'이며, 검색 기간은 RPS 제도가 시행된 2012년 1월 1일부터 2019년 12월 31일까지다. 검색 결과 총 37,645건의 뉴스가 검색되었다.

연도별 검색 결과는 다음 표와 같으며, 2018년에 6,050건(전체의 16.07%)으로 최다를 나타냈으며, 2016년에 3,938(10.46%)건으로 최소를 나타냈다.

| 표 | 빅카인즈를 이용한 연도별 '태양광 발전' 관련 뉴스 검색 건수

검색 년도	건수	%
2012	5,286	14.04%
2013	4,546	12.07%
2014	4,255	11.30%
2015	4,203	11.16%
2016	3,938	10.46%
2017	4,549	12.08%
2018	6,050	16.07%
2019	4,827	12.82%
계	37,654	100.00%

6) 경향신문, 국민일보, 내일신문, 동아일보, 문화일보, 서울신문, 세계일보, 조선일보, 중앙일보, 한겨레, 한국일보
7) 매일경제, 머니투데이, 서울경제, 아시아경제, 아주경제, 파이낸셜뉴스, 한국경제, 헤럴드경제
8) 강원도민일보 등 28개 지역 신문사
9) KBS, MBC, OBS, SBS, YTN
10) 디지털타임즈, 전자신문

'태양광 발전' 관련 뉴스는 정치·사회·경제 등 다양한 분야에 기사화되었으며, 그중 가장 많은 기사는 경제 분야로, 총 17,288건(전체뉴스의 약 45.91%)을 차지했다. 다음으로 지역 뉴스 13,921건(36.97%)으로 경제와 지역 뉴스가 전체 뉴스의 82.88%를 차지했다. 이는 태양광 발전과 관련한 경제적 측면과 지역 주민 등 현실적인 이슈와 관련된 기사가 많았음을 의미하는 것으로 추정된다.

'태양광 발전'이 포함된 기사 건수의 월별 분포는 다음 그림과 같다. 지난 8년간 월별 평균 기사 건수는 363.6건으로 분석되었으며, 2018년 10월에 총 720건의 기사가 게재되어 최대를 나타냈다. 2018년 10월의 주요 기사 내용을 보면, 10월 30일 문재인 대통령이 참

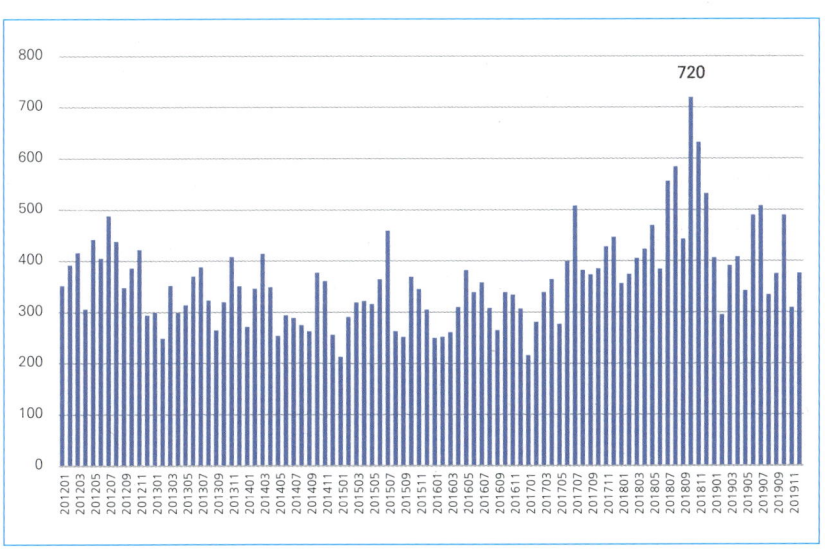

| 그림 | 2012~2019년까지 월별 '태양광 발전' 키워드 기사 건수

석한 새만금개발청의 '새만금 재생에너지 비전 선포식', 한화그룹의 인천 '태양의 숲' 조성 및 멕시코에 125MW 태양광 발전소 착공식, OCI의 희망퇴직, 한국남동발전의 영농형 태양광 사업 추진, 농어촌공사의 수상태양광 설치 등이다.

다음 그림은 전체 태양광 발전 관련 뉴스 중 연관성(가중치, 키워드 빈도수)이 높은 1,000건의 기사를 대상으로 시각화한 워드 클라우드 분석 결과다. 키워드 빈도수는 재생에너지(911건), 경로당(837건), 신재생(815건) 순으로 나타났고, 다음으로 사업자(419건), MW(332건), OCI(300건), 주민들(276건) 등이다. 연관어 분석 결과, 태양광 발전 사업에 대한 긍정적인 키워드는 보급 확대, 양해각서, 업무협약, 주차장, 유휴부지, 경로당으로 파악되고, 반면 부정적인 키워드는 난개발, 주민들, 무분별 등으로 파악된다.

워드 클라우드 분석 결과를 그룹으로 살펴보면, 가장 많은 내용은 오른쪽 위쪽에 위치한 신재생, 재생에너지와 관련한 충북도, 양해각서, 유휴부지가 연관성이 높은 기사로 나타났으며, 중간 부분에 위치한 주민들, 시공사, 주차장은 사업에 따른 지역 주민과 사업자 사이에 갈등이 많았음을 추정할 수 있다. 그리고 그림의 왼쪽 아래 부분에 위치한 전남도, 보급 확대, 난개발은 전라남도 지역에서 태양광 보급 확대에 따른 난개발 문제가 이슈였음을 추정할 수 있다.

| 그림 | 연관성이 높은 1,000건의 기사에 대한 워드 클라우드 분석 결과

부정적인 언론 보도내용 빅데이터 분석

태양광 발전 관련 전체 뉴스 중 부정적인 기사의 내용을 살펴보고자 부정적인 의미를 갖는 기사를 대상으로 분석했다. 부정적인 기사는 키워드를 바탕으로 크게 범죄, 사고, 재해, 그리고 사회와 관련된 것으로 구분했다.

| 표 | 부정적인 기사 구분

구분	주요 관련 키워드
범죄	기업 범죄, 내부자 거래, 계약 위반, 횡령, 뇌물수수, 범죄 일반
사고	산업 사고, 붕괴, 폭발, 화재
재해	자연 재해, 눈사태, 산사태, 태풍, 홍수
사회	사회 문제, 사회 갈등, 시위

Part 1 동네북 된 태양광 사업   45

빅데이터 분석 결과, 부정적인 키워드가 포함된 기사는 전체 기사 37,654건 중 3,648건으로 약 9.69%를 차지했다. 이를 다시 연도별로 분류하면, 2018년이 898건으로 전체 기사의 14.84%를 차지하고, 다음으로 2019년 706건, 14.63%, 그리고 2017년 487건, 10.71%를 나타내어 최근 3년 동안 부정적인 기사의 비율이 높았던 것으로 분석되었다.

| 표 | 연도별 부정적인 기사 건수 및 %

년도	태양광 발전 관련 기사 건수	부정적인 기사 건수	부정적인 기사의 %
2012	5,286	338	6.39%
2013	4,546	332	7.30%
2014	4,255	331	7.78%
2015	4,203	265	6.31%
2016	3,938	291	7.39%
2017	4,549	487	10.71%
2018	6,050	898	14.84%
2019	4,827	706	14.63%
총계	37,654	3,648	100.00%

특히, 2017년 이후 부정적인 보도 내용은 전체의 10% 이상 차지해, 2016년까지 부정적인 기사 평균치인 7.12%보다 1.5배 이상 증가했음을 알 수 있다. 이는 문재인 정부가 들어서면서 시작된 '탈원전 정책' 기조와 관련이 있을 것으로 판단된다. 이에 대한 원인을 분

석하기 위해 월별 부정적인 기사 건수를 살펴보았다. 월별 부정적인 기사 건수는 신고리 5, 6호기 건설재개에 대한 공론화가 시작되었던, 2017년 7월 기사 건수가 55건으로 5월 대비 2.6배 이상 증가했다. 이와 관련된 2017년 7월의 기사 제목은 "원자력이 親환경 안전 에너지인 이유(문화일보, 2017.07.10)", "〈주영진의 뉴스브리핑〉靑 '탈핵 시대' 선언 '탈원전' 두고 어떤 갈등 있을까?(SBS, 2017.07.13)", "'태양광 풍력' 신·재생에너지, 가능성과 한계 5%서 3년 내 20% 서두르다 탈난다(매일경제, 2017.07.21)" 등이 대표적이다.

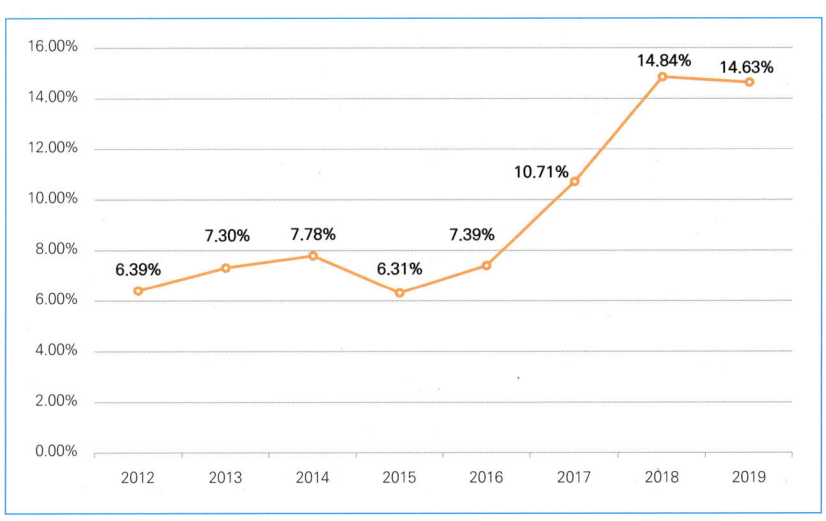

| 그림 | 2012년 이후 연도별 부정적인 기사 % 변화

2018년 8월 한 달 동안 106건의 태양광 발전에 대한 부정적인 기사가 쏟아졌다. 2018년 8월의 핵심이슈는 ESS 화재사건과 산지 전

용허가 관련이다. 당시 주요 뉴스로는 "석 달간 화재 6번… 신·재생에너지설비 ESS 정밀조사(서울경제, 2018.08.04)", "유망 신산업 ESS(에너지저장시스템)에서 잇단 화재(내일신문, 2018.08.03)", "[권혁주 논설위원이 간다] 무더위 속 태양광과 풍력은 애물단지 풍력 가동률 13%(중앙일보, 2018.08.08)", "태풍 '솔릭' 상륙 날아간 태양광 패널(한국경제, 2018.08.23)" 등이다.

이후, 2019년 10월 부정적인 기사 건수는 104건으로 당시 핵심 이슈는 잇따른 ESS 화재사건, 태풍 '미탁'으로 인한 태양광 피해, 그리고 한전직원 비리와 관련된 내용들이다. 2019년 10월 한 달 동안 ESS화재와 관련된 뉴스는 무려 45건에 이를 정도로 온통 ESS화재 관련 뉴스뿐이었다. "태양광 복마전(조선일보, 2019.10.01)", "태풍 미탁 영향, 산사태 위기경보 '주의'로 상향(경향신문, 2019.10.02)", "한전 직원들, 감사원 적발 이후 여전히 태양광 비리 앞장(국민일보, 2019.10.11)", "경남 하동서 또 ESS 화재 부실조사 연쇄사고에 시장 불안 확산(디지털타임즈, 2010.10.22)", "경남 김해 태양광 설비서 또 ESS화재 28번째 사고(국민일보, 2019.10.28)" 등이다.

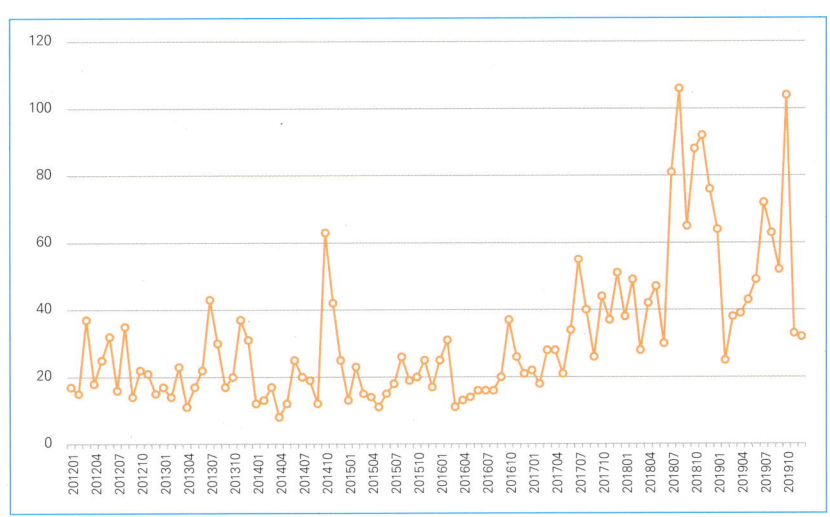

| 그림 | 2012년 이후 월별 부정적인 기사 건수 변화

📍 '태양광 발전' 연관어 분석

연관어 분석은 검색어와 연관된 키워드를 워드 클라우드와 키워드 빈도수를 이용해 분석하는 방법이다. 분석절차는 키워드로 뉴스를 검색하고, 일, 월, 연 단위로 기사의 발생 건수를 집계한 후, 통계 결과를 선형, 영역형, 그래프 등으로 표시하는 과정을 거치게 된다. 이러한 과정을 통해 2012~2019년까지 기사화된 총 3,648건의 태양광 발전 관련 부정적인 기사를 대상으로 워드 클라우드와 키워드 빈도수를 이용해 연관어를 분석하게 되면 어떤 단어가 기사에 가장 많이 출현했고, 키워드 간 상관관계는 어떤지를 파악할 수 있다.

▶ 워드 클라우드 연관어 분석

워드 클라우드 연관어 분석은 키워드의 가중치와 빈도수를 이용해 어떤 키워드가 많이 출현했고, 각 키워드가 어떠한 형태로 그룹핑 되는지를 확인할 수 있다.

가중치는 분석 뉴스 내에서 토픽 랭크 알고리즘을 기준으로 의미적 유사도가 높은 키워드 순으로 표출된다. 키워드 빈도수는 가중치 순으로 선정된 키워드를 해당 키워드가 등장한 뉴스 건수 기준으로 재정렬한 정보가 표출된다. 즉, 키워드 빈도수는 기사에서 얼마나 많이 언급되었는지를 나타내는 지수다. 예를 들어, 재생에너지와 신재생이라는 키워드를 보면, 빈도수는 재생에너지가 1,577로 높은데,

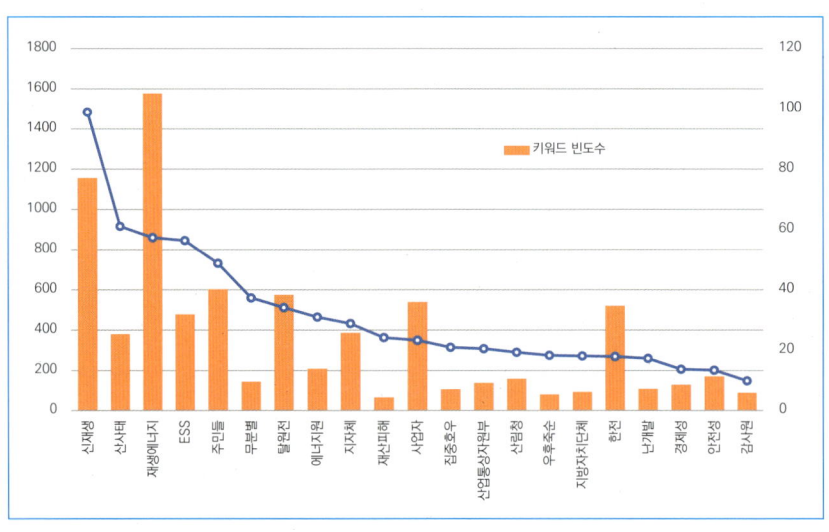

| 그림 | 태양광 발전 관련 '워드 클라우드' 키워드 빈도수 및 가중치 분석 결과

가중치는 신재생이 높은 것으로 나타났다. 이는 '태양광 발전'과 '신재생'이 동시에 기사에서 더 많이 언급되었다는 의미로 해석할 수 있다. 워드 클라우드 연관어에서 글자의 크기는 키워드 빈도수가 아니라 가중치를 바탕으로 맵핑하게 된다.

워드 클라우드 분석 결과를 보면, 신재생이 태양광 발전과 가장 높은 비율로 기사에 언급되었으며, 다음으로 산사태, 재생에너지, ESS, 주민들, 부분별, 탈원전, 지자체, 재산 피해, 사업자, 집중호우 순이다.

긍정과 부정에 속하지 않는 신재생, 재생에너지, 한전, 산업통상자원부, 산림청, 에너지원, 감사원, 지방자치단체, 지자체, 경제성 등 10개 키워드를 제외하면, 나머지 키워드 중 부정적인 키워드 순서

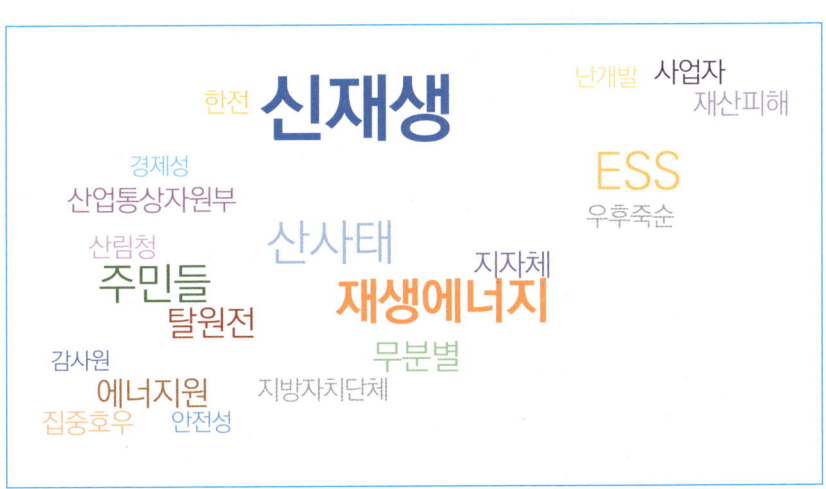

| 그림 | 태양광 발전 관련 부정적인 키워드 워드 클라우드 분석 결과

는 산사태, ESS, 주민들, 무분별, 탈원전, 재산 피해, 사업자, 집중호우, 우후죽순, 난개발, 안정성이 된다. 여기서 다시 자연재해나 중도적인 키워드에 해당하는 산사태, 재산피해, 집중호우, 안전성을 제외하면, 남는 키워드는 ESS, 주민들, 무분별, 탈원전, 사업자, 우후죽순, 난개발이 된다.

결론적으로 'ESS' 키워드는 그동안 잇따른 ESS 화재에 대한 기사이고, '주민들'은 태양광 사업에 따른 지역 주민과의 민원 문제, '무분별'은 자연경관을 훼손하면서 개발이 이루어졌다는 내용이며, '탈원전'은 문재인 정부의 정책과 태양광 발전과 연관시킨 키워드이고, '사업자', '우후죽순', '난개발' 등은 태양광 사업 개발에 따른 난개발이 이루어지고 있다는 기사 내용이다. 특히 민원의 경우, 지역 주민들의 반대로 개발허가가 반려 또는 보류된 태양광, 풍력발전 사업은 전체 중단된 사업의 약 37%를 차지한다는 보도[11]도 있다. 따라서 부정적인 키워드를 구분하면, ESS 화재, 지역 주민 민원, 탈원전, 난개발로 압축될 수 있다.

▶ **키워드 빈도수 연관어 분석**

연관어 분석의 다른 방식인 '키워드 빈도수' 분석 결과 역시 유사한 형태를 띠고 있다. 분석에 의하면, 빈도수가 300회 이상인 키워드는 '재생에너지', '신재생', '주민들', '탈원전', '사업자', '한전',

---
11) 잘나가는 태양광·풍력산업, 무엇이 문제인가, 에너지데일리, 2019.08.16

'ESS', '지자체', '산사태' 등이다. 기타 300회 미만의 빈도수를 가진 키워드는 주로 피해와 연관된 '안전성', '무분별', '경제성', '난개발', '집중호우', '우후죽순', '재산피해' 등이다.

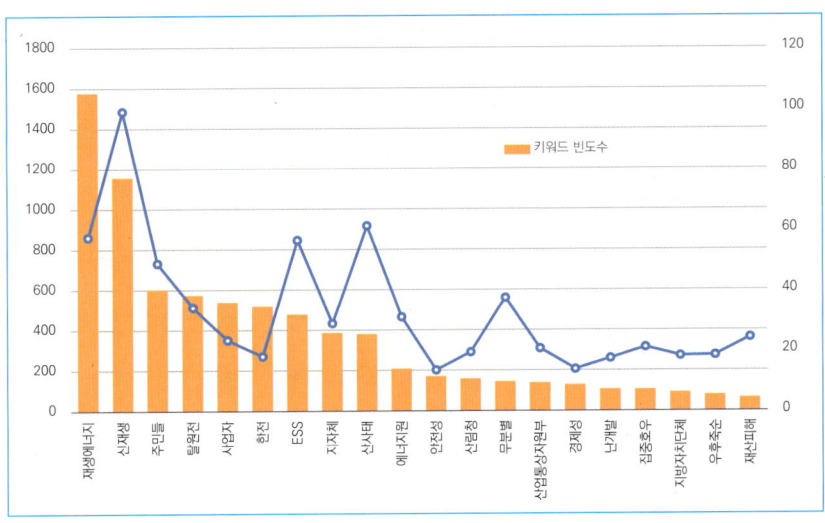

| 그림 | 태양광 발전 관련 부정적인 '키워드 빈도수' 키워드 빈도수, 가중치 분석 결과

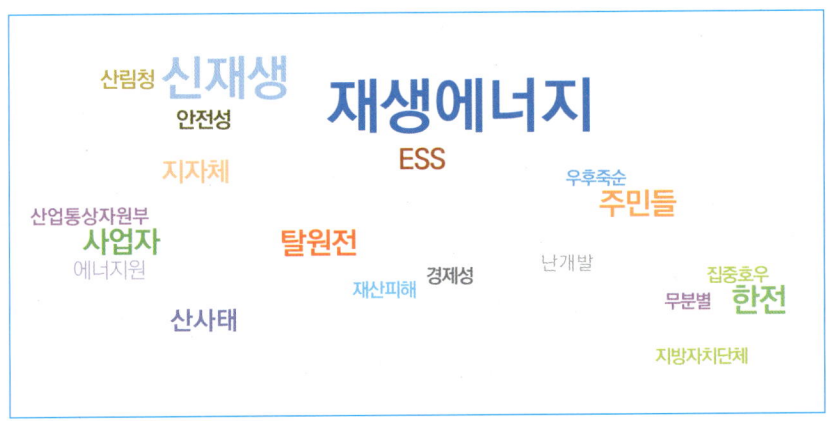

| 그림 | 태양광 발전 관련 부정적인 키워드 빈도수 분석 결과

공영방송 KBS의 태양광 관련 오보

공영방송 KBS는 지난 2019년 6월 14일과 21일, 일주일 시차를 두고 태양광 발전에 대한 시사프로그램을 방영했다. 2019년 6월 14일에는 〈추적 60분〉이라는 프로그램에서 '환상의 재테크? 태양광 발전의 그늘'이라는 제목으로 태양광 사업에 대한 부정적인 면을 다루었다. 일주일 후인, 2019년 6월 21일 〈시사기획 창〉에서는 '태양광 사업 복마전'이라는 제목으로 다시 한번 태양광 사업을 다루었다. 모든 사업에는 명(明)과 암(暗)이 있다. 방송은 명과 암을 균형 잡힌 시각으로 다루어야 한다. 그럼에도 불구하고 공영방송인 KBS는 태양광 발전의 부정적인 면만을 사실 확인도 거치지 않은 상태에서 방송했다.

방송 내용 중에서 잘못된 부분은 '태양광 발전소 투자비 대비 순이익 분석'이다. 기자는 "2억 5,500만 원에 분양받은 태양광 발전소에서 월 11,000kWh의 전력을 생산하고, 이를 월 수익으로 계산하면 99만 원이다. 결국 투자금을 회수하는 데 21년이 걸린다는 이야기다. 그런데 여기서 문제는 태양광 수명이 보통 20년이기 때문에 순이익 한 푼 못 건지고 투자금만 회수한다"고 방송했다.

| 그림 | 〈시사기획 창〉의 방송 내용 중 일부 화면

 〈시사기획 창〉 방송 내용 중 일부는 의도성을 가지고 보도한 것처럼 보일 수 있는 부분이 있었으며, 또한 일부는 일방적인 주장을 여과 없이 다루었다. 그러나 여기서 하나하나 바로잡을 수 없기에 가장 대표적인 순이익에 대한 부분만 간단히 살펴보기로 하자.

 우선 가장 기본적인 단위부터 잘못되었다. 태양광 발전소에서 "한 달 평균 전기 생산량은 월 11,000kW다"는 잘못된 표현이다. 전기 생산량의 단위는 kWh다. 따라서 "한 달 평균 전기 생산량은 월 11,000kWh이다"가 정확한 표현이다.

 다음으로 수익 부분이다. 보통 태양광 발전 사업의 수익은 SMP와 REC를 판매해 확보하게 된다. 방송에서는 SMP 가격을 90원으로 계산해서 월 99만 원으로 수익을 산출한 것 같다. 여기서 REC 가격에 대한 부분이 누락된 것이다. 2019년 6월 당시의 REC 가격은 69,252원이고, 발전소 용량이 100kW 미만이기 때문에 REC 가중치는 1.2이다. 따라서 실제 이 발전소의 월평균 수익은 190만 원[12]이 되어야 한다. 방송에서의 수익과 약 90만 원의 차이가 발생한다.

마지막으로 투자 회수 기간에 대한 오보다. 월별 발전 수익을 제대로 계산하지 못해 투자 회수 기간 역시 잘못 계산한 것이다. 이 경우에 투자 회수 기간은 21년이 아니고 11.2년이 된다.

태양광에 대해 모르는 일반인이 이 프로그램을 시청했다면, 당연히 태양광 발전 사업에 대해 수익성이 없는, 의미 없는 사업으로 생각했을 것이다. 공영방송에서 검증절차 없이 태양광 발전 사업의 가장 기본적인 사실관계조차 확인하지 않고 오보를 냈다는 것을 이해할 수 없다. 방송 전에 사실관계에 대한 검증절차를 거친 후에 방송에 내보내야 하는 것이 상식이다.

이후 〈시사기획 창〉과 관련된 논란은 계속되었다. 청와대는 KBS 〈시사기획 창-복마전 태양광 사업〉 방송과 관련해 정정 보도를 해 달라는 요청을 했고, KBS는 이를 거부했다고 한다. 청와대에서 요

---

12) 월평균 수익=발전량(kWh)×(SMP 가격(원/kWh)+REC 가격(원/kWh)×REC 가중치)=11,000kWh×(90원/kWh+69.252원/kWh×1.2)=1,904,126원/월

청한 정정 보도의 내용은, 위에서 언급한 기본적인 오류에 대한 부분이 아니고 정치적인 측면에 대한 정정 보도를 요청한 것이다. 즉, 방송에서 '최규성 전 한국농어촌공사 사장이 나와 "대통령이 (저수지 면적) 60%에 (태양광을) 설치한 것을 보고 박수를 쳤다"고 언급했다'는 부분이다.

이와 같은 공영방송 KBS의 오보는 시청자들에게 태양광 사업에 대한 부정적인 인식만 키울 뿐, 재생에너지 보급 확대에 전혀 도움이 되지 않는다. 청와대의 정정 보도 요청에 대해서도 다시 한번 사실관계를 확인한 후, KBS의 입장을 밝혔어야 했다. 청와대의 정정 보도 요청을 일부 언론이 언론 탄압이라는 프레임으로 활용할 수 있기 때문이다. 공영방송 KBS의 태양광 발전에 대한 부정적인 방송은 보수 언론의 태양광 발전에 대한 부정적인 보도와는 파급효과 측면에서 확연한 차이가 있다. 공영방송 KBS의 방송 의도가 궁금할 뿐이다.

03
붕괴 직전의
태양광 생태계

    정부와 지자체는 태양광 발전소 건설에 따른 난개발, 산사태, 지역 주민 민원 등 부작용을 최소화하기 위한 수단으로 임야 가중치 0.7 하향 조정과 지자체 조례 강화를 시작하게 된다. 여기서는 임야 가중치 0.7이 태양광 시장에 어떤 영향을 미쳤는지와 지자체의 이격거리 조례 강화, 한전 계통연계 접속 지연, 그리고 태양광 시장을 둘러싼 대내외적 환경 변화를 살펴보고자 한다.

🌐 임야 가중치 0.7이 태양광 시장에 미친 영향

    정부는 지난 2018년 6월 28일 임야 가중치를 기존 1.2~0.7에서 0.7로 하향 조정했다. 임야 가중치 0.7이 태양광 발전 시장에 어떠한 영향을 주는지 살펴보자. 이를 위해 가중치 0.7 축소 발표가 이루어진 2018년 6월 28일 이전과 이후를 기준으로 100kW, 500kW, 1MW에 대한 수익성을 비교해보자. 이를 통해 임야 가중치 0.7이 태양광 시장에 미친 영향을 가늠해볼 수 있을 것이다. 분석을 위한 시나리오는 임야 가중치 0.7 시행 이전과 이후로 구분해, 100kW, 500kW, 1MW에서 어떤 영향을 주었는지를 보는 것이므로 총 6개 시나리오다. 여기서 임야에 대한 토지 가격 부분은 고려하지 않았다. 임야 가중치 0.7 제도 시행 이전, 임야의 평당 가격은 제도 시행 이후보다 상대적으로 고가였다. 제도 시행 이후 임야에 대한 수요가 감소하면서 임야 가격이 하락한 부분은 분석에서 고려하지 않았다.

임야 가중치 0.7 비교를 위한 가정은 다음과 같다.

1. **일 평균 일조 시간** : 3.6시간
2. **모듈 연간 효율 저하율** : 0.8%
3. **물가 상승률** : 3.0%
4. **SMP 가격** : 89.29원/kWh(2018년 6월 평균 가격, 육지 기준), **REC 가격** : 102.32원/kWh(2018년 6월 평균 현물 가격 기준)
5. **인버터 보증 기간 및 수선 충당금** : 5년(총 투자금×0.0625)/보증 기간
6. **투자비 기준** : 태양광(100kWp=15,920만 원, 500kWp=76,745만 원, 1MW=146,700만 원)
7. **자기자본금 비율** : 20%, 대출금 비율 : 80%(이자율 : 3.5%, 1년 거치 10년 상환 기준)

8. O&M 비용 : 총 매출액의 3.0%

　제도 시행 이전과 이후를 분석한 결과, REC 가중치 감소에 따라 연평균 수익은 100kWp의 경우 549만 원, 500kWp의 경우에는 1,775만 원, 그리고 1MW의 경우에는 2,876만 원의 수익이 감소한 것으로 분석되었다. 이를 다시 연 수익 감소율(%)로 계산하면, 제도 시행 전 대비 100kWp는 36.83% 감소, 500kWp는 27.21%, 그리고 1MW는 22.80%의 감소로 나타난다.

　또한 투자에 따른 투자 수익률 감소는 100kWp가 17.24%, 500kWp가 11.57%, 그리고 1MW가 9.80%로 나타나 용량이 증가할수록 수익률 감소가 줄어드는 것으로 나타났다. 여기서, 투자 수익률의 %가 높은 이유는 투자 수익률은 전체 사업에 대한 투자비 기준이 아니고, 자기자본금, 즉 전체 사업비의 20%를 기준으로 계산되었기 때문이다. 예를 들면, 100kWp의 경우 제도 시행 전에 투자수익률이 46.81%에서 제도 시행 후 29.57%로 감소해 상대적인 수익률 변화는 17.24%가 된다. 결국, 제도 시행에 따라 100kW 미만 소규모 태양광 발전 사업자의 수익률은 약 40% 가까이 감소해 더 이상 투자처로서 의미가 없어진 것이다.

| 표 | 임야 가중치 0.7 축소에 따른 용량별 수익 변화 (단위 : 원, %)

구분	100kWp	500kWp	1MWp	REC 값
제도 시행전 연평균 수익(원/년)	14,904,917	65,240,282	126,128,632	1.02~1.20
제도 시행후 연평균 수익(원/년)	9,416,171	47,488,978	97,368,918	0.7
년 수익 감소율(%)	△36.83%	△27.21%	△22.80%	-
제도에 따른 수익률 변화(원/년)	△5,488,746	△17,751,304	△28,759,714	-
투자에 따른 투자 수익률 변화(%)	△17.24	△11.57	△9.80	-

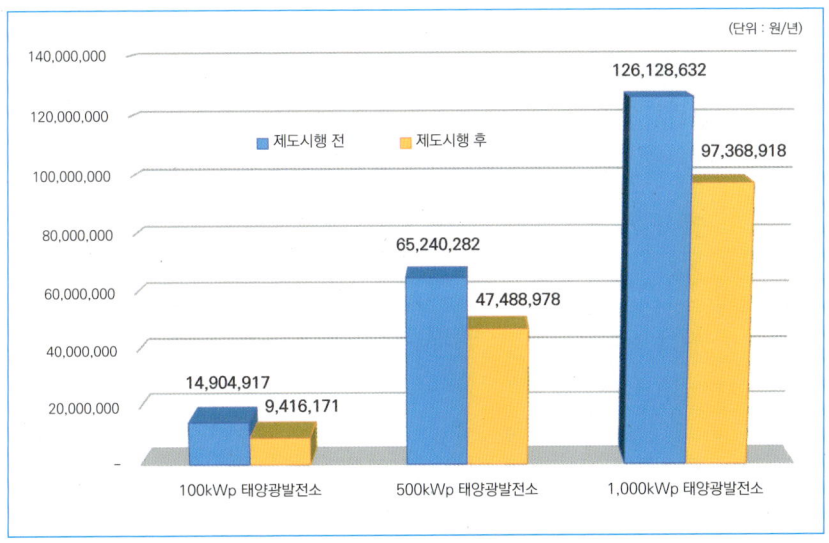

| 그림 | 임야 가중치 0.7에 따른 용량별 발전 수익 감소 변화

따라서 임야 가중치 0.7 축소로 인해, 임야에 소규모 태양광 발전소를 건설하는 것은 현실적으로 의미 없는 사업이 된 것이다. 전술한 바와 같이, 100kWp 미만의 소규모 발전 사업자에게는 연간 약

40%, 1MW 발전 사업자에게는 연간 약 24%의 직접적인 수익 감소가 발생하기 때문에, RPS제도 시행 이후 우리나라의 태양광 발전 비중을 높이는 데 기여했던 100kWp 미만(우리나라 발전소 수 기준으로 81.4% 차지)의 소규모 태양광 발전 사업자들이 시장을 떠나는 원인을 제공했다. 향후 소규모 발전 사업자가 임야에 태양광 발전 사업을 하는 것은 현실적으로 어려워 보인다.

그렇다면 지금 상황에서 임야에 태양광을 설치했을 경우, 임야 가중치 0.7 제도 시행시기인 2018년과 비교해 어떤 상황들이 달라졌는지를 알아볼 필요가 있다.

2018년 임야 가중치 0.7에 따른 계산 조건과 2020년의 계산 조건은 모두 같다. 단, SMP 가격, REC 가격, 그리고 투자비만 현실적으로 고려해 계산했다. 2020년 임야 가중치 0.7에 따른 가정은 다음과 같다.

1. **SMP가격** : 84.26원/kWh(2020년 1월 평균 가격, 육지 기준), REC 가격 : 43.37원/kWh(2020년 1월 평균 현물 가격 기준)
2. **투자비 기준** : 태양광(100kWp=12,040만 원, 500kWp=58,225만 원, 1MW=112,500만 원)

분석 결과, 2018년 제도 시행 초기에 비해 수익률 감소가 100kWp는 57.32%, 500kWp는 50.81%, 그리고 1MW는 48.08% 감소한 것으로 나타났다. 전반적으로 설비 용량에 따라 차이가 발생하기는 하지만 2018년 6월에 비해 수익성이 대략 50~60% 감소했다.

| 표 | 임야가중치 0.7 축소에 따른 2018년 3월과 2020년 1월 수익 변화

(단위 : 원, %)

구분	100kWp	500kWp	1MWp
2018년 6월 연평균 수익(원/년)	14,904,917	65,240,282	126,128,632
2020년 1월 연평균 수익(원/년)	6,361,984	32,088,819	65,482,131
연 수익 감소율(%)	△57.32%	△50.81%	△48.08%
2018, 2020년 수익 차이(원/년)	△8,542,933	△33,151,463	△60,646,501
투자에 따른 투자 수익률 변화(%)	△20.39	△14.95	△13.89

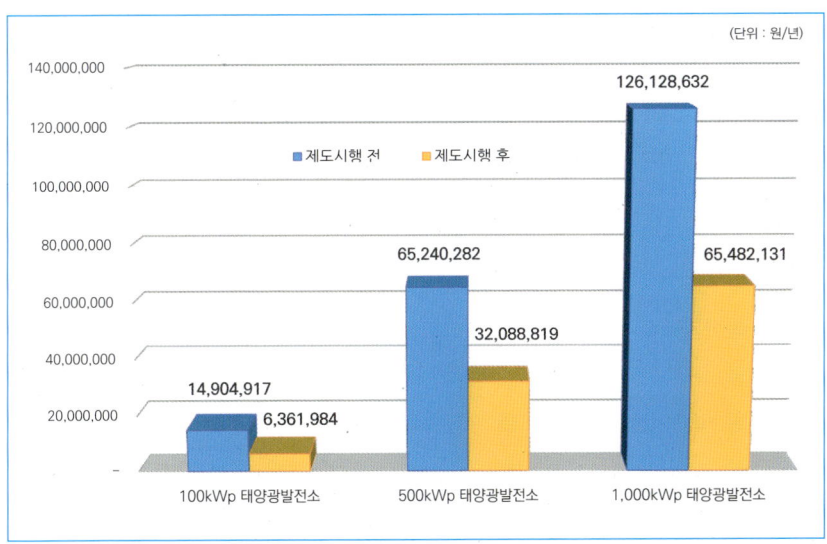

| 그림 | 임야 가중치 0.7에 따른 용량별 2018년과 2020년 발전 사업 수익 변화

그렇다면, 왜 발전소 투자 비용이 2018년에 비해 2020년에 약 24.0% 감소했는데, 수익은 50% 이상 줄어들었는지를 살펴볼 필요가 있다. 2020년 수익률을 보면, 2018년에 비해 100kWp는 57.32%, 500kWp는 50.81%, 그리고 1MW는 48.08% 감소한 것으로 나타났다. 전반적으로 설비 용량에 따라 차이가 발생하기는 하지만, 2018년 6월에 비해 수익성이 대략 50~60% 감소했다. 이는 투자비는 초기에 투입되는 고정비이지만, 결국 수익에 영향을 주는 것은 SMP와 REC 가격임을 알 수 있다. 시설 투자비는 약 24% 떨어졌지만, 반대로 SMP와 REC 가격이 각각 5.63%, 57.61%가 떨어지면서 가중치가 1일 때 SMP, REC 가격이 약 33.4% 하락했기 때문에 수익률이 50% 이상 떨어진 것으로 분석된다.

| 표 | 투자비, SMP & REC 가격 변화폭 분석

(단위 : 만 원, %)

구분	2018	2020	변화폭(%)
100kW 미만 투자비(만 원)	15,920	12,040	24.37%
100kW~1MW 미만 투자비(만 원)	76,745	58,225	24.13%
1MW 이상 투자비(만 원)	146,700	112,500	23.31%
SMP 가격(원/kWh)	89.29	84.26	5.63%
REC 가격(원/kWh)	102.32	43.37	57.61%
SMP + REC 가격(원/kWh)	191.61	127.63	33.39%

여기에서 2020년 기준으로 용량별 투자비 감소율(예, 100kW, 24.37%)을 고려해 동일한 폭으로 SMP, REC 가격이 하락했다면 어떤 결과를 얻을 수 있는가?

용량별 투자비 감소율만큼 SMP, REC 가격이 하락할 경우, 흥미로운 분석 결과를 얻었다. 당연한 이야기일 수 있지만, 투자에 따른 투자 수익률이 같아진다는 점이다. 즉 투자비 감소율보다 SMP, REC 가격이 상대적으로 더 떨어졌기 때문에, 2020년에 수익률이 악화되었다는 것이다. 전술한 바와 같이, 설비 투자비는 23.31~24.37%가 떨어졌지만 SMP+REC 가격은 33.39%가 떨어져 수익률이 낮아졌다는 이야기다. SMP와 REC 가격을 용량별로 하락한 초기 투자비만큼 하락했다고 가정하면, 동일한 투자 수익률 값을 얻을 수 있었다.

즉 100kWp의 경우에는 SMP 가격을 89.29원/kWh에서 24.37%만큼 하락한 67.53원/kWh, REC 가격은 102.32원에서 77.63원/kWh로, 동일한 방법으로 500kWp의 경우에는 SMP 가격을 67.74원/kWh, REC 가격은 77.63원/kWh로, 1MWp의 경우에는 SMP가격을 68.48원/kWh, REC 가격은 78.47원/kWh로 수정한 후 분석을 수행한 결과다.

| 표 | 투자비 대비 동일한 비율로 SMP, REC 가격이 하락했을 경우 분석 결과

(단위 : 원, %)

구분	100kWp	500kWp	1MWp
2018년 6월 연평균 수익(원/년)	14,904,917	65,240,282	126,128,632
2020년 1월 연평균 수익(원/년)	7,121,596	36,030,586	74,674,270
연 수익 감소율(%)	△52.22%	△44.77%	△40.80%
2018, 2020년 수익 차이(원/년)	△7,783,321	△29,209,696	△51,454,361
2018년 투자에 따른 투자 수익률 변화(%)	△17.24	△11.57	△9.80
2020년 투자에 따른 투자 수익률 변화(%)	△17.24	△11.56	△9.80

결론적으로 투자비 감소율 대비 SMP와 REC 가격 하락 폭이 크게 되면 투자에 따른 수익률이 감소하게 된다. 현재의 상황이 이러한 현상으로 REC 가격이 폭락하면서 태양광 사업 투자를 어렵게 만드는 원인이 되고 있는 것으로 판단된다. 따라서 정부는 SMP, REC 가격이 투자비 감소율보다 크지 않게 유지하는 노력을 할 때 태양광 발전 사업에 대한 투자가 활성화될 것으로 판단된다.

지자체 이격거리 조례 강화

태양광 발전 사업 인허가 과정에서 가장 먼저 부딪치는 문제가 해당 지자체의 이격거리 관련 조례다. 지자체마다 각기 다른 도로 및 주거밀집 지역으로부터 이격거리 조항은 태양광 발전 사업을 저해하는 요소이며, 민원 발생의 근원이다. 이격거리의 경우, 지자체에 따라서 최소 100m에서 최대 1,000m로 편차가 크다. 목포시의 경우에는 초기에는 태양광 발전 이격거리에 대한 조례가 없었으나, 주택가나 양식장 인근에 태양광이 설치되면서 민원이 증가하자, 2차선 이상의 포장도로와 10가구 이상의 주민이 거주하는 주거밀집 지역, 자연취락 지구 등의 경계로부터 100m 이상의 이격거리를 두도록 하는 조례를 신설하기도 했다.

이격거리 조례의 가장 큰 문제점은 조례 자체가 지자체의 고유권

한으로 중앙정부, 예를 들면 산업통상자원부의 가이드라인은 권고일 뿐, 지자체의 이격거리 규정은 계속 강화되고 있으며, 기준 또한 없다는 것이다. 지역의 특성을 고려해 이격거리 조례를 제정하는 것은 문제가 되지 않지만, 주민들의 민원을 최소화하기 위한 수단으로 또는 지자체 공무원의 편의를 위해 강화한다면 문제다.

📍 이격거리 조례 분석

전국 229개 시·군·구를 대상으로 도로 및 주거밀집 지역으로부터 이격거리를 조사한 결과, 지자체마다 상이한 기준을 가지고 운영하는 것으로 나타났다.

전국 229개 시·군·구 중 특별시, 광역시, 특별자치시·도 등에 해당하는 77개 구와 경기도 31개 시·군 중 조례가 없는 23개, 그리고 시·군 중 조례가 없는 17개 시·군을 제외하면, 총 분석 대상은 112개 시·군이다.

분석 대상 112개 시·군의 도로로부터 이격거리 기준은 100~1,000m까지 다양하다. 100m와 500m가 전체 분석 대상 지자체 중 62개로 55.35%를 차지한다. 다음으로 200m가 29개 시·군으로 25.89%, 300m가 16개 시·군으로 14.29%를 차지한다.

| 표 | 전국 112개 시·군의 도로로부터 이격거리 규정 분석 결과

도로로부터 이격거리 규정(m)	해당 지자체 수	%
100	31	27.68%
200	29	25.89%
250	1	0.89%
300	16	14.29%
500	31	27.68%
800	1	0.89%
1,000	3	2.68%
합계	112	100.00%

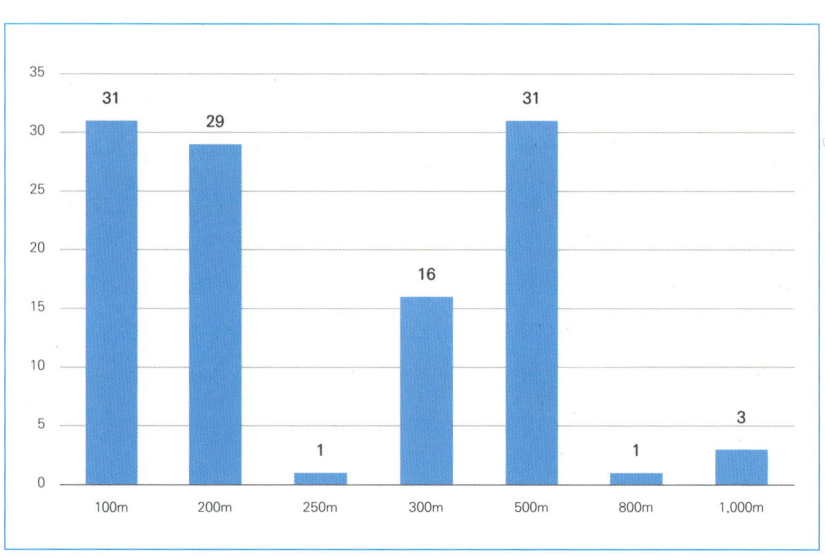

| 그림 | 112개 지자체의 도로로부터 이격거리 규정 분포

분석 대상 112개 시·군 중 도로로부터 이격거리 기준은 있지만, 주거밀집 지역으로 부터의 이격거리 조항이 없는 강화군, 여주시, 가평군, 금산군, 장성군, 울진군, 의령군, 남해군을 제외하면 분석 대상은 104개 시·군이 된다.

분석 대상 104개 시·군 중 10호 이상 주거밀집 지역으로부터 이격거리 규정은 500m 이상이 34개 시·군으로 전체의 32.69%를 차지하고, 다음으로 300m 이상이 24개 시·군 23.08%, 그리고 200m 이상이 21개 시·군으로 20.19%를 차지한다.

| 표 | 전국 104개 시·군의 주거밀집 지역으로부터 이격거리 규정 분석 결과

도로로부터 이격거리 규정(m)	해당 지자체 수	%
100	17	16.35%
150	3	2.88%
200	21	20.19%
300	24	23.08%
400	3	2.88%
500	34	32.69%
600	1	0.96%
1000	1	0.96%
총계	104	100.00%

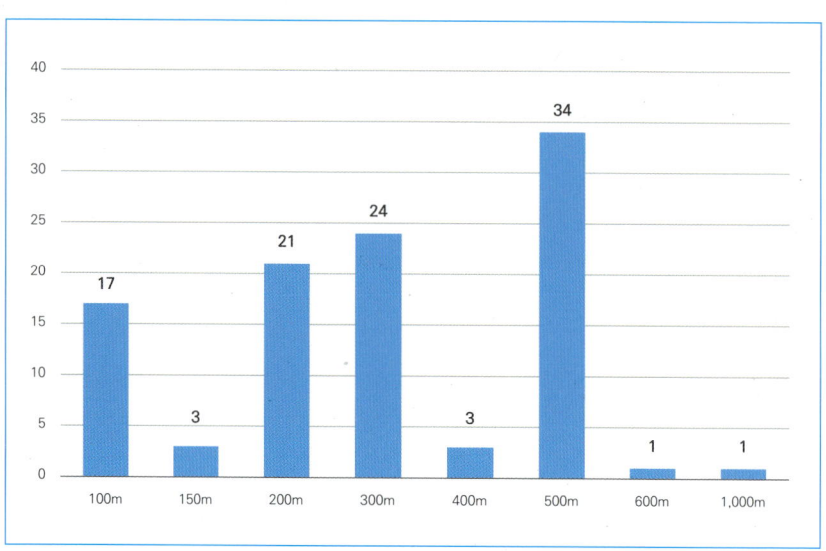

| 그림 | 102개 지자체의 주거밀집 지역으로부터 이격거리 규정 분포

    2017년 3월 산업통상자원부에서 발표한 '태양광 발전 시설 입지 가이드라인'과 비교하면, 2017년 3월 당시 도로로부터 이격거리는 51개 시·군에서 규정을 두었으나, 2019년 말에는 112개 시·군이 규정을 두고 있어 219.6%가 증가한 것으로 나타났고, 주거밀집 지역으로부터의 이격거리 역시 2019년 말 기준으로 104개 지자체가 규정을 두고 있어, 2018년 3월 대비 약 200%의 증가한 것으로 나타났다.

    정부의 이격거리 가이드라인 제시 기준인 100m를 초과하는 시·군은 도로의 경우 2017년 3월 당시 42개 시·군에서 2019년 말 81개 시·군으로 증가했다. 이는 전체 지자체의 약 72.32%가 정부의 가이드라인을 따르지 않고 있다는 의미다. 또한 주거밀집 지역으로부터 이격거리 역시 2017년 3월 47개 시·군에서 100m 이상으로 이격거리를 규정했으나, 2019년 말에는 87개의 시·군이 100m 이상으로 규정하고 있다. 이는 전체 지자체의 83.6%의 시·군이 정부의 가이드라인을 따르고 있지 않음을 의미한다.

| 표 | 지난 2년간 이격거리 규정 분석 결과

구분		도로 기준		주거밀집 지역 기준	
		2017.3 기준	2019년말 기준	2017.3 기준	2019년말 기준
이격거리 규정	100m 이내	9	31	5	17
	100~300m	21	30	22	24
	300~500m	16	16	24	27
	500~1,000m	5	35	1	36
	합계	51	112	52	104
2017년 대비 증가율(%)		-	219.6%		200%

따라서 지자체마다 원칙 없는 이격거리 규정이 신설되고 있으며, 지속적으로 강화되고 있음을 알 수 있다. 이격거리와 관련해 몇몇 지자체의 조례를 살펴보면 다음과 같다.

▶ 조례 강화 후 태양광 발전 허가 건수 감소한 사례 : 강원도 삼척시

강원도 삼척시의 경우 이격거리 기준은 2차로 이상 포장도로로부터 100m 이상, 5가구 이상일 경우 주택으로부터 이격거리 100m 이

상, 5가구 미만인 경우 50m 이상, 그리고 해안선, 하천구역, 축사, 가축시설 등이 있는 경우 100m 이상 떨어져야 한다. 여기에 산림 훼손을 방지하기 위해 산림 평균 경사도 기준을 25도에서 15도로 제한을 두었다.

이러한 조례 강화 후 인허가 건수가 줄어든 것으로 나타났다. 허가 건수는 2015년 7건, 2017년 17건, 조례 개정 직전인 2018년 45건으로 급증했으나, 2019년에는 31건으로 감소했다. 그러나 이를 조례강화 때문만으로 설명하기는 어려울 것으로 보인다. 물론 강원도라는 지역적인 특성이 있어 이격거리 조항이 강화된 수준이라 볼 수 있을지라도, 실제 이 정도 수준의 조례는 전국의 타 시·군에 비해 완화된 이격거리 조례이기 때문이다. 임야 가중치 0.7 축소나 발전수익 감소에 따른 영향도 배제하기는 어려울 것으로 보인다.

▶ **민원 때문에 조례 완화지침을 원점으로 돌린 사례 : 전남 보성군**

전남 보성군은 지난 2018년 2월 태양광 발전 시설과 농어촌도로, 주거밀집 지역, 주택과의 거리 제한을 500m에서 200m로 '보성군 군계획 조례'를 완화했다. 이격거리가 완화된 후, 2018년 태양광 발전 인허가 신청 건수는 2017년 230건에서 1,000여 건으로 700건 이상 증가했다. 주민들은 조례를 강화해도 부족할 판에 오히려 완화했다며 반발하고 나섰으며, 다수의 민원이 발생하게 되었다. 이로 인해 보성군 의회는 마을과의 이격거리 조항을 종전 기준으로 환원하기 위한 조례를 다시 의회에 제출했다. 또한 조례 개정과는 별개로 태양광 발전 사업 인허가 조건으로 주민 동의서를 첨부하도록 세부 시행 규칙을 보완하기로 했다고 한다.

▶ **이격거리 완화 조례 제정에 따른 지역 내 반발 사례 : 충북 옥천군**

충북 옥천군은 이원면에 있는 개심저수지 수상태양광 발전 시설 허가를 놓고 지역 민원이 발생하면서, 태양광 발전 시설 규제 완화에 제동이 걸린 사례다. 옥천군의 도로 및 주거밀집 지역으로부터 이격거리 개정안은 산업통상자원부의 가이드라인을 바탕으로 도로와의 거리를 기존 200m에서 100m로, 주거밀집 지역인 경우 기존 300m에서 100m로 완화했다. 또한 이격거리 100m 이내 주거밀집 지역이라도 5호 미만의 주거 지역의 경우 세대주 전체 동의를 받은 경우는 제외한다는 내용을 포함하고 있다. 문제는 옥천군의 이격거리 조항이 인근 보은군과 영동군의 이격거리 기준인 500m에 비해 완화되었다는 문제점을 지역 주민들이 제기하면서 시작되었다. 즉, 지역 지자체의 이격거리 대비 해당 지자체의 이격거리 조건이 완화된다면 상대적으로 피해를 본다는 인식도 존재하는 것 같다.

▶ **최근 이격거리 조례를 신설한 사례 : 충북 음성군**

음성군은 2018년 12월 26일 태양광 발전 시설 개발행위허가 기준 신설을 포함한 군계획 조례 일부를 개정했다. 지금까지 '음성군 개발행위허가 운영지침'으로 운영 중이었던 태양광 발전 시설의 이격거리 규정을 조례에 반영한 것이다. 주요 내용은 도로(도로구역 및 지적선)로부터 200m 이내에 입지하지 아니할 것, 자연취락지구 경계로부터 200m 이내에 입지하지 아니할 것, 개발행위허가 대상지 부지 경계로부터 직선거리 200m 이내 5호 이상 주민이 거주하는 지역에 입지하지 아니할 것, 문화재·유적지 등 역사적·문화적·향토적 가치가 있어 보전의 필요성이 있는 시설의 부지 경계로부터 200m 이내에 입지하지 아니할 것 등이고, 농지가 농업생산기반이 정비돼 있어 우량농지로 보전할 필요가 있는 집단화된 농지에도 입지가 제한된다. 충북 음성군의 경우 이격거리 조례가 없었으나 신설한 경우다.

▶ 대법원 '조례로 태양광 발전소 거리 제한은 정당' 첫 판결

대법원은 지난 2019년 11월 4일 태양광 업체 3곳이 청송군을 상대로 소송을 청구한 개발행위 불허가처분 취소소송 상고심에서 원고 승소 판결한 원심을 깨고 사건을 대구고법으로 돌려보냈다고 밝혔다. 재판부의 판단은 "국토계획법 자체에서 이미 지자체가 도·시·군 계획이나 조례의 형식으로 건축행위에 관한 구체적 기준을 수립할 권한을 위임하는 다양한 규정들을 두고 있다"고 했으며, "태양광 발전 시설 설치의 이격거리에 관한 기준은 지자체에서 충분히 규율할 수 있는 사항이고, 계획을 수립할 때 적용해야 할 기준을 지방의회가 조례의 형식으로 미리 규정하는 것도 가능하다"는 취지에서 파기환송한 것이다. 특히 재판부는 "청송군의 경우 전체 면적 중 임야가 81.4%를 차지하며, 자연환경과 산림보전 필요성이 크기 때문에, 태양광 발전 시설이 초래할 수 있는 환경훼손 문제점을 고려하면 이격거리를 획일적으로 제한하고 했다고 해서 국토계획법령 위임 취지에 반한다거나, 현저히 합리성을 결여한 것이라고 볼 수 없다"고 했다.

시공사들은 청송군이 조례를 통해 고속도로나 국도, 지방도 등 주요 도로에서 1,000m 이내, 주거밀집 지역이나 관광지, 공공시설 경계로부터 500m 이내에 태양광 발전 시설이 들어서지 못하도록 제한하자 반발해 소송을 낸 것이다. 1, 2심 재판부는 모두 시공사의 입장인 "태양광 발전 시설 이격거리를 획일적으로 제한해 설치 여부에 대한 판단 자체를 봉쇄하는 것은 지나친 것으로, 조례로 설정하는 범위를 넘어서기 때문에 허가를 내주지 않은 게 무효"라는 입장이었다.

이 판결은 지자체의 입법 권한을 존중해준 판결이지만, 정부의 가이드라인에 반해 판결한 것으로 다른 유사소송에 영향을 줄 것으로 판단된다.

한전 계통연계 접속 지연

태양광 발전 보급을 저해하는 요인 중 하나는 한전 계통연계 접속 지연이다. 태양광 발전 사업 인허가를 받아놓고 또는 태양광 설비를 설치해놓고도 한국전력의 전력계통 여유 용량이 없어 시공을 미루

거나, 또는 가동을 하지 못하는 경우가 많은 것이 현실이다. 2019년 말 기준으로 접속 대기 중인 용량은 약 2.5GW가 넘는다. 계통 접속을 위해서는 변전소나 배전선로를 건설해야 하는데, 이를 위한 주민 동의 절차, 허가 등에 소요되는 기간을 고려한다면 단기간에 접속 지연 문제가 해결되기는 어려울 것으로 보인다.

산업통상자원부는 지난 2016년 10월 31일부터 1메가와트(MW) 이하 소규모 신재생 발전 사업자가 전력계통 접속 요청 시 한전 부담으로 변전소의 변압기 등 공용전력망을 보강해 망 접속을 보장하는 '1MW 이하 전력망 접속보장'제도를 시행해왔다. 이 제도는 그동안 전력망 접속용량 부족으로 태양광 발전 사업이 지연되는 점을 해결하고, 동시에 전력계통 접속에 소요되는 비용을 한전이 부담함으로써, 소규모 태양광 발전 사업자의 경제적 부담을 완화시켜줄 목적으로 추진되었다.

한국전력의 자료에 의하면, 2016년 10월 31일부터 2019년 말까지 누적 계통연계 신청 건수는 75,270건, 신청 용량은 13,903MW 규모였다. 2019년 말 기준으로 접속이 완료된 건수는 39,378건, 용량 6,084MW로써, 건수 기준으로 약 52.31%, 용량 기준으로 약 43.76%만이 접속을 완료하였다. 즉, 전체의 절반 이하만이 접속을 완료한 것이다. 접속 대기 건수와 용량은 25,369건, 5,854MW로서, 전체 신청 건수 및 용량 기준으로 각각 33.70%, 42.11%다.

태양광 발전의 경우, 지역별 설비 계통 연결에 편차가 심한 것으로 나타났다. 광주·전남은 신청 16,105건 중 33.51%인 5,396건만이 계통이 연결됐고, 제주는 1,181건 중 36.07%(426건)만 계통연계가 끝난 상황이다. 전북은 2만 782건 중 40.96%(8,512건), 경북 6,683건 중 42.32%(2,828건) 등 농촌이 많은 지자체가 전력계통 연결에 문제가 있는 것으로 드러났다. 반면 경기는 2,964건 중 86.74%(2,571건), 서울 131건 중 86.26%(113건), 인천 745건 중 85.77%(639건) 등 대도시에서는 전력계통 연결이 상대적으로 양호한 것으로 나타났다.

산업통상자원부는 지난 2월 27일 태양광 발전 계통 접속 허용기준 20% 확대를 발표하였으나, 현장에서 요구하는 수준에는 크게 미치지 못하는 수준이다. 즉시 접속 가능 건수 및 용량이 3,335건, 725MW로, 전체 접속 대기 건수 및 용량의 12~13% 수준이다.

| 표 | 2016년 10월 31일~2019년 12월 말까지 한전 계통연계 신청 및 접속현황

지자체명	신청		접속 완료		즉시 접속 가능 (용량 여유)		접속 대기 (용량 부족)	
	건수	용량(MW)	건수	용량(MW)	건수	용량(MW)	건수	용량(MW)
강원	4,271	894	2,962	491	624	179	685	224
경기	2,964	441	2,571	355	361	76	32	10
경기북부	1,636	212	1,334	149	273	55	29	8
경남	3,849	705	2,590	405	802	192	457	108
경북	6,683	1,352	2,828	502	776	120	3,079	730
광주·전남	16,105	4,009	5,396	1,126	1,749	342	8,960	2,541
남서울	100	6	85	4	15	2	–	–

지역								
대구	3,026	537	2,283	353	541	112	202	72
대전·세종·충남	9,024	1,355	6,142	834	1,827	299	1,055	222
부산·울산	787	112	653	94	134	18	-	-
서울	131	10	113	8	18	2	-	-
인천	745	82	639	65	106	17	-	-
전북	20,782	3,311	8,512	1,263	2,140	336	10,130	1,712
제주	1,181	382	426	121	343	102	412	159
충북	3,986	495	2,844	314	814	113	328	68
합계	75,270	13,903	39,378	6,084	10,523	1,965	25,369	5,834

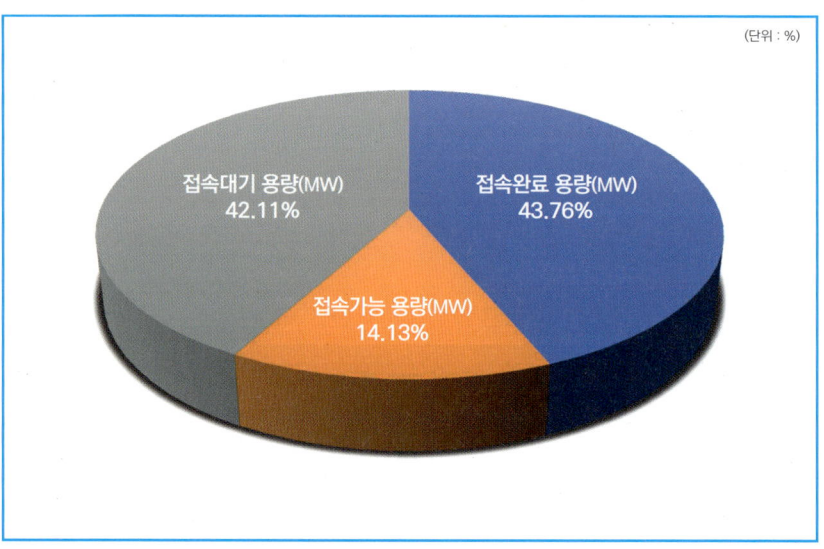

| 그림 | 한전 계통연계 접속 완료, 접속 가능, 접속 대기 용량 비율

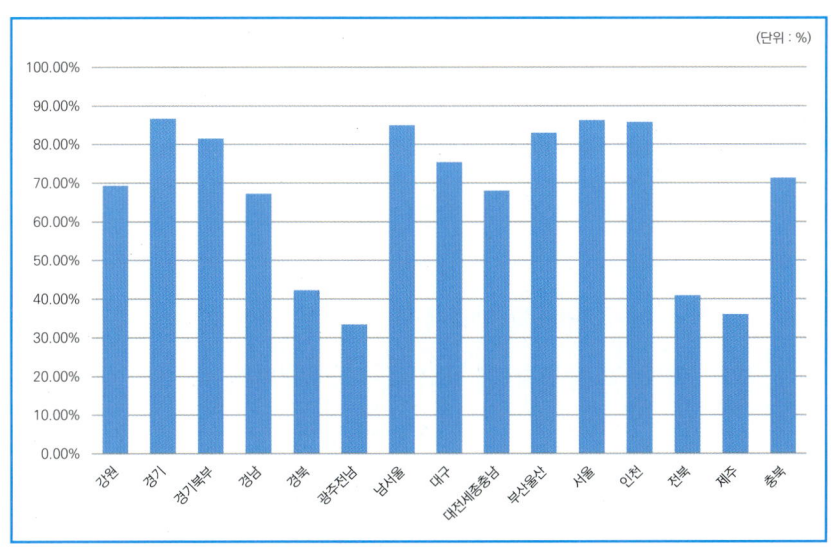

| 그림 | 지역별 한전 계통연계 접속 완료 건수 비율

🌐 태양광 시장을 둘러싼 대내외적 환경 변화

최근 2년 사이, 태양광 발전에 대한 지속적인 보수언론의 부정적인 보도, 임야 가중치 0.7로 인한 수익성 악화, 지자체 조례 강화 및 계통연계 지연 등으로 인한 신규 사업 개발 어려움 등 태양광 발전 시장을 둘러싼 여러 대외환경이 급속히 변했다. 여기에 더해 최근 REC 가격이 폭락하면서 중소 태양광 시공사와 소자본으로 태양광 사업에 투자한 서민들은 사면초가에 처하게 되었다. 이에 중소 시공사와 소규모 태양광 발전 사업자의 입장에서 대내외적 환경 변화를 살펴보고자 한다.

📍 고사 직전의 중소 태양광 시공사

최근 태양광은 대규모 사업 위주로 개발되고 있다. 산업통상자원부의 발표[13]에 의하면, 신·재생에너지 관련 정부 중점 추진과제의 첫 번째가 재생에너지 산업생태계 육성을 위한 '대규모 프로젝트 추진'이다. 향후 3년간 태양광 발전 분야에 총 4.7조 원을 투자해 재생에너지 확산동력을 유지하고 안정적인 시장을 창출하겠다고 한다. 2020년에는 영암태양광 등 28개 단지에 약 1.13GW 준공, 새만금 태양광 등 17개 단지 1.64GW 착공에 약 1.6조 원을 투자하겠다는 내용이다.

정부의 두 번째 중점 추진 과제는 유휴부지 태양광 개발을 통한 신 유망분야 개척이다. 정부는 유휴부지 태양광 사업과 관련해 농식품부·농협(영농형), 지자체(산단), 국방부(軍), 공공기관 등 유관기관과의 협업을 통해 사업모델을 개발하고 있는 것으로 알려졌다. 이를 위해 농지 일시사용 허가 기간을 현 8년에서 20년까지 확대하기 위한 농지법 개정을 추진 중이다.

전술한 바와 같이, 정부 정책의 문제점은 태양광 시장은 연간 수조 원 규모로 계속 성장하고 있지만, 태양광 생태계에서 1차 소비자에

---

13) 2020년 신·재생에너지 기술개발 및 이용보급 실행계획, 산업통상자원부, 2020.2

속하는 중소 태양광 시공사에 대한 정책은 없으며, 이로 인해 중소 시공사는 설 땅을 잃어가고 있다는 것이다. 우리나라에는 약 4,000여 개의 중소 태양광 시공사가 있다고 알려져 있다. 이 중 대부분은 2019년 후반기부터 프로젝트 수주에 어려움을 겪고 있으며, 하루하루 버티며 회사를 운영하는 곳이 대부분이다. 중소 태양광 시공사가 겪고 있는 가장 큰 어려움은 임야 가중치 0.7로 인한 수익성 악화, 지자체 조례 강화 및 계통연계 지연 등으로 신규 사업 개발에 어려움을 겪고 있다는 것이다. 소기업은 이미 어려운 상태고, 중간 규모의 시공사마저도 계통연계가 해소되어 이미 계약한 공사 물량을 소화한다고 해도 2020년까지 겨우 버틸 수준이라고 한다. 중소 시공사에 종사하는 많은 임직원들은 "2018년까지는 태양광에 대한 문의가 빗발쳤지만, 2019년 하반기부터 태양광 시공에 대한 문의 건수가 절반 이하로 줄어들었으며, 2019년 말에는 문의가 거의 들어오고 있지 않다"고 하소연하고 있다. 이로 인해 많은 수의 중소 태양광 시공사들이 자구책으로 인원 감축을 추진하고 있다. 실제로 전남에 위치한 중견 태양광 시공사의 경우, 직원 100여 명에서 최근 60여 명을 감축했다는 이야기도 들린다.

정부의 대규모 프로젝트 개발의 기본 개념은 대기업, 공공기관 등이 사업에 참여하고, 지역 주민과 이익을 공유함으로써 재생에너지 3020 이행계획을 추진하겠다는 것이다. 2019년 5월 2일 발표한 '새만금 육상태양광 1구역 발전 사업' 공고문을 보면, 대기업과 공기업만이 참여할 수 있도록 되어 있다.14) 시공 능력이 없는 대기업이 사업을 수주하고, 이를 중견기업에 하청을 주는 구조로 시장이 변해가고 있다. 이렇다 보니 중견기업은 그나마 대기업의 하청업체로 전락해 공사라도 할 수 있지만, 여기서 소외된 중소 태양광 시공사는 퇴출 위기에 있다. 오히려 태양광 설비 시공 기준 강화를 준비하면서 중소 태양광 시공사는 벼랑 끝에 몰리는 상황이 되고 있다. 중소 태양광 시공사, 지역 주민, 대기업, 공공기관이 상생할 수 있는 생태계 구축을 위한 모델의 개발이 필요한 이유다. 예를 들면, 중소 태양광 시공사가 정부 및 공공기관 공사의 하도급 업체가 아니라 당당히 지분을 가지고 일정 부분 사업에 참여함으로써 기술력을 쌓고 이를 바탕으로 해외 시장에 진출할 수 있는 성장 동력을 중소 시공사에 제

---

14) '새만금 육상태양광 1구역 발전 사업 사업시행자 모집 공모' 참가 자격 요건
　① 사업제안자는 본 사업을 수행할 능력이 있는 단독 법인 또는 다수의 법인으로 구성된 컨소시엄
　② '전기사업법' 제8조에 의한 전기사업허가에 결격 사유가 없는 자이며, 공고일 기준으로 다음 각 호의 조건을 모두 충족한 자 ※컨소시엄인 경우에는 다음 조건을 충족하는 업체가 1개 이상 구성원으로 참여
　　1. 본 사업에서 발생하는 신·재생에너지 공급인증서(REC) 전량 구매가 가능한 회사채 신용등급 AA-(또는 이와 동급인 신용평가등급) 이상인 RPS공급 의무자
　　2. 과거 10년간 누적으로 30MW 이상의 국내 태양광 발전소 준공 실적을 보유한 EPC업체(공동수급사간 합산 가능)
　　3. 과거 10년 이내 개별 건으로 1,000억 원 이상의 프로젝트 파이낸싱 사업에 참여 또는 금융주간한 실적이 있는 자
　　4. '건설산업기본법'의 종합공사 및 '전기공사업법'의 전기공사를 시공하는 업종의 등록을 한 자로서 '건설산업기본법' 제23조에 따라 공시된 시공능력 평가액이 본 사업에 소요되는 투자비(사업제안자의 총 투자비) 이상이 되는 자 ※컨소시엄 대표사의 신용평가등급이 회사채의 경우 A- 이상, 기업어음의 경우 A2- 이상(또는 이와 동급인 신용평가 등급)이어야 함

공해야 할 것이다. 따라서 정부 및 공공기관 태양광 공사의 경우, 일정 부분 중소 시공사가 지분을 가지고 사업에 참여할 수 있도록 하는 제도적인 보완이 시급하다.

📍 구심점 없는 중소 태양광 시공사와 소규모 발전 사업자

중소 태양광 시공사가 고사 직전에 있음에도 불구하고, 중소 태양광 시공사를 대변할 수 있는 실질적인 협회나 단체가 없다는 것 역시 문제다. 정부 정책에 대한 중소 태양광 시공사의 입장을 대변하고, 이를 정책에 반영할 수 있는 협회나 단체가 절실히 필요한 시점이다. 물론 현재 몇몇 협회가 활동하고 있지만, 태양광 발전 현안 이슈와 관련해 간담회 등에 참석하거나, 정책 수립 시 협회의 입장을 정부 측에 전달하거나, 이미 결정된 정책에 대한 유예기간을 요구하는 수준이다. 정부에 선제적으로 정책을 제안하고 이를 실현하기 위한 대안을 제시하는 실질적인 이해당사자로의 역할은 극히 제한적이다.

우리나라에는 2019년 말을 기준으로 100kW 미만 발전소가 약 43,178개소로, 전체 발전소 수 기준으로 약 81.4%를 차지한다. 최근 REC 가격이 폭락하면서 장기고정가격계약이나 한국형 FIT에 참여하지 못한 많은 수의 100kW~1MW 미만 발전 사업자들이 피해를 보고 있다. 그럼에도 불구하고 정부의 재생에너지 확대 정책만을 믿고 사업에 참여한 중소 규모 발전 사업자들의 피해에 대해 대변해 주는 협회나 단체는 없다는 것이 안타까울 뿐이다. 어용협회라는 비

난을 받는 협회가 있는 것도 현실이다. 기껏해야 지난 2019년 11월 4개의 협회 및 단체 회원 약 10여 명이 모여 REC 폭락에 따른 대책 마련 촉구 기자회견을 여는 정도다.

REC 가격 폭락 관련 대책 마련 촉구 기자 회견

REC 가격의 하락이 지속되면서 재생에너지 관련 협회와 단체는 지난 2019년 11월 국회 앞에서 기자회견을 열고 정부의 실효성 있는 대책을 요구했다.

〈사진〉 전국 태양광 발전협회 등 4개 협·단체의 REC 폭락에 대한 대책 마련 촉구 기자회견 장면(사진출처 : 이투뉴스)

이들은 "소규모 사업자들은 정부의 재생에너지 3020 정책을 믿고 태양광 보급 사업에 앞장섰지만, REC 가격 폭락으로 빚더미에 앉게 되었다"고 주장하고 있다.

대부분의 소규모 발전 사업자들은 태양광 사업 초기에는 인허가와 준공에 관심이 있고, 발전소가 준공된 후에는 SMP와 REC 가격에 관심을 갖는다. 운영 과정에서 REC 가격 폭락과 같은 문제에 직면하게 되면 어디에다 하소연할 곳이 없다는 점이다. 결국, RPS 제도 개선 방안에 대한 합리적인 대안을 제시하며, 동시에 여론을 환기시키고 이슈화할 수 있는 역량을 가진 협회나 단체가 없기때문에, 정부 정책의 피해자들은 분산된 불만자로만 남게 되는 것이 아닌가 생각된다. 이들의 의견을 취합하고 정부에 건의해 합리적인 대안을 찾아갈 수 있는 협회 또는 단체가 절실히 필요한 이유다.

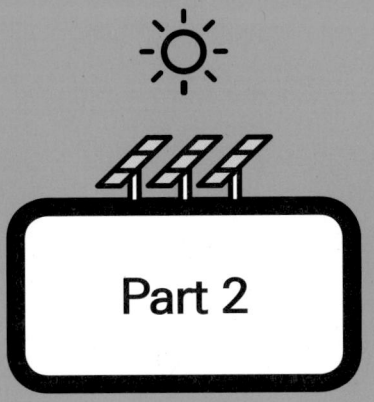

RPS 제도 및 REC 가격 동향

01
RPS 제도와 REC

🌐 RPS 제도 개요

우리나라 최초로 발전 사업자들이 생산한 전력을 정부가 직접 구매해준 제도는 발전차액지원 제도(FIT, Feed in Tariff)다. FIT제도는 신·재생에너지 투자 경제성을 확보하기 위해 신·재생에너지 발전으로 공급한 전기의 전력 거래 가격이 지식경제부 장관이 고시한 기준 가격보다 낮은 경우, 기준 가격과 전력 거래와의 차액(발전 차액)을 지원해주는 제도[15]다. FIT 제도는 2002년 3월 도입 시행(2001년 10월 11일 소급적용)되어 초기 신·재생에너지 투자 및 보급을 확대하고 산업화 기반을 마련했지만, 운영 과정에서 과도한 재정 부담

---

15) 2016 신·재생에너지 백서, 2017, 한국에너지공단 신·재생에너지센터

과 사업자 간 가격경쟁 또는 시장 메커니즘 부재 등의 문제점을 노출함에 따라 2011년 12월 종료되었다. FIT 제도하에서 발전 사업자는 전력판매 계약 기간을 15년, 20년 중 선택할 수 있었으며, 고정가격이 적용되었다.

📍 RPS 제도란?

신·재생에너지 공급 의무화 제도(RPS, Renewable Portfolio Standard, 이하 RPS 제도라 함)는 국가의 중·장기 신·재생에너지 보급 목표 달성을 위한 목적으로 발전차액지원 제도(FIT)를 대체해 2012년 도입되었다. RPS는 일정 규모(500MW) 이상의 발전 설비(신·재생에너지 설비는 제외)를 보유한 발전 사업자(공급 의무자)에게 총 발전량의 일정비율 이상을 신·재생에너지를 이용해 공급토록 의무화한 제도다. RPS 제도는 신에너지 및 재생에너지 개발·이용·보급 촉진법 제12조의 5(신·재생에너지 공급 의무화 등)에 법적 기반을 두고 있다. 제도 시행과 관련된 규정으로는 신·재생에너지 공급 의무 화제도 및 연료혼합의무화제도 관리·운영지침(산업부 고시 제 2017-2호)과 공급인증서 발급 및 거래 시장 운영에 관한 규칙(신재생센터 공고 제2017-6호) 등이 있다. 2020년 기준으로 총 22개의 의무 공급사[16]가 있으며, 이들 22개사는 의무적으로 발전량의 일정량에 대해 REC

---

16) 한국수력원자력, 남동발전, 중부발전, 서부발전, 남부발전, 동서발전, 지역난방공사, 수자원공사, SK E&S, GS EPS, GS 파워, 포스코에너지, 씨지앤율촌전력, 평택에너지서비스, 대륜발전, 에스파워, 포천파워, 동두천드림파워, 파주에너지서비스, GS동해전력, 포천민자발전, 신평택발전

를 구입해야 한다.

| 표 | 연도별 의무 공급량 비율 및 의무 공급량(신에너지 및 재생에너지 개발·이용·보급·촉진법 시행령 별표 3)

해당연도	2012	2013	2014	2015	2016	2017
의무 비율(%)	2.0	2.5	3.0	3.0	3.5	4.0
의무 공급량(1,000REC)	6,420	9,210	11,577	12,375	15,081	17,039
해당연도	2018	2019	2020	2021	2022	2023 이후
의무 비율(%)	5.0	6.0	7.0	8.0	9.0	10.0
의무 공급량(1,000REC)	21,999	26,958	31,402	–	–	–

의무 공급자의 연도별 의무 공급량(GWh)은 다음 식에 의거 계산한다.

> 의무 공급량(GWh)
> = 의무 공급자의 총 발전량(신·재생에너지 발전량 제외)(GWh) × 의무비율(%)
>
> 주) 의무 공급량은 소수점 넷째자리에서 반올림

22개 의무 공급사는 인증서를 확보한 후, 공급인증기관에 제출함으로써 의무 이행 사실을 증명해야 한다. 의무 공급사가 의무 공급량을 이행하지 못한 경우에는 공급인증서 평균 거래 가격의 150% 이내에서 불이행 사유, 불이행 횟수 등을 고려해 과징금을 부과하고 있다. RPS 제도 운영 절차는 다음 그림과 같다.

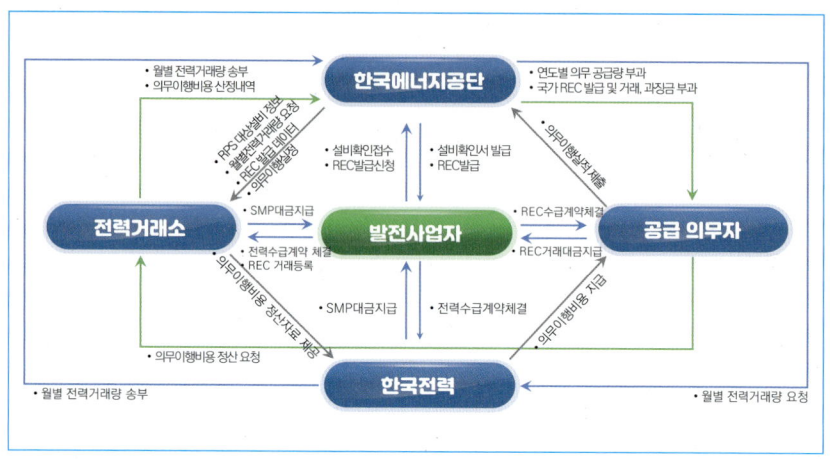

| 그림 | RPS 제도의 기관별 역할 및 운영 절차   출처 : 한국에너지공단, 재구성

📍 REC란?

신·재생에너지 공급인정서(REC, Renewable Energy Certificate, 이하 REC라 함)는 발전 사업자가 신·재생에너지 설비를 이용해 전기를 생산·공급했다는 사실을 증명하는 인증서다. 또한 REC는 공급인증서의 발급 및 거래 단위로서, 공급인증서 발급 대상 설비에서 공급된 MWh 기준의 신·재생에너지 전력량에 대해 가중치를 곱해 발급하게 된다.

여기서 태양광 발전을 포함한 신·재생에너지 REC 가중치는 다음 표와 같다.

| 표 | 신·재생에너지 공급인증서(REC) 가중치

구분	공급인증서 가중치	대상 에너지 및 기준	
		설치 유형	세부 기준
태양광 에너지	1.2	일반 부지에 설치하는 경우	100kw 미만
	1.0		100kW부터
	0.7		3,000kW 초과부터
	0.7	임야에 설치하는 경우	-
	1.5	건축물 등 기존 시설물을 이용하는 경우	3,000kW 이하
	1.0		3,000kW 초과부터
	1.5	유지 등의 수면에 부유해 설치하는 경우	
	1.0	자가용 발전 설비를 통해 전력을 거래하는 경우	
	5.0	ESS설비(태양광 설비 연계)	'20년 6월 30일까지
	4.0		'20년 7월 1일부터 12월 31일까지
기타 신재생 에너지	0.25	IGCC, 부생가스, 폐기물에너지(비재생폐기물로부터 생산된 것은 제외), Bio-SRF	
	0.5	매립지가스, 목재팰릿, 목재칩	
	1.0	수력, 육상풍력, 조력(방조제 有), 기타 바이오에너지(바이오중유, 바이오가스 등) 자가용 발전 설비를 통해 전력을 거래하는 경우	
	1.5	미이용 산림 바이오매스 혼소설비, 수열	
	2.0	연료전지, 조류, 미 이용 산림 바이오매스 (바이오에너지 전소설비만 적용)	
	1.0~2.5	조력(방조제 無), 지열	고정형/변동형
	2.0	해상풍력	연계거리 5km 이하
	2.5		연계거리 5km 초과 10km 이하
	3.0		연계거리 10km 초과 15km 이하
	3.5		연계거리 15km 초과
	4.5	ESS(풍력연계)	'20년 6월 30일까지
	4.0		'20년 7월 1일부터 12월 31일까지

📍 REC 거래 시장

RPS 의무 공급사는 할당량을 채우기 위해, 자체적으로 재생에너지 설비를 만들거나 태양광 발전 사업자가 생산한 REC를 구매해 의무량을 채워야 한다. REC 거래는 RPS 시장에서 이뤄진다. RPS 시장은 크게 현물 시장과 계약 시장으로 나뉘며, 이 중 계약 시장은 1) 의무 공급사가 태양광 발전 사업자와 수의계약[17]을 체결하거나 자체 입찰을 통해 구매하는 방법, 2) 한국에너지공단을 통한 연 2회 고정가격계약 경쟁입찰, 그리고 3) 한국형 FIT로 구성된다. 공급인증서 거래 시장은 배출권 거래제 아래에서 상쇄 배출권(Offset)을 생산하고 거래하는 배출권 거래 시장 시스템과 유사한 구조이며, 배출권 대신 인증서를 거래할 수 있도록 설계된 시장이라고 할 수 있다.

2015년까지는 태양광 의무 공급량을 별도로 할당해 제도를 운영했으나, 2016년 2월 24일부터 태양광과 비태양광을 통합해 운영했다. 이후 2017년 3월 28일부터 매주 화요일, 목요일 2차례의 현물 거래를 시작해 현재에 이르고 있다.

---

[17] 초기 의무 공급사와 태양광 발전 사업자 간의 수의계약 과정에서 여러 가지 부정이 밝혀지면서 현재는 유명무실한 제도가 되었음.

| 그림 | REC 거래 시장 구조

02
재생에너지원별
REC 생산량

🌐 신·재생에너지 발전량

　재생에너지원별 발전량을 살펴보는 이유는 REC는 재생에너지 발전을 통해 생산되기 때문이다. REC 시장에서 태양광과 비태양광이 차지하는 비중과 비태양광 발전량 중 어느 신·재생에너지원이 REC를 많이 생산하는지, 그리고 그 경향성은 어떠한가를 살펴보는 것은 REC 가격 예측에 필수 요소다.

📍 신·재생에너지 발전량

　한국에너지공단의 자료[18]에 의하면 2018년을 기준으로 신·재생에너지 발전량이 약 52,718GWh로서, 전체 발전량의 약 8.88%를

---

18) 한국에너지공단, 2018년 신·재생에너지 보급통계(2018년 판), 2019

차지한다. 참고로 한국에너지공단에서 발표하는 신·재생에너지 보급통계 자료는 실제 발전량을 현장 조사나 면접을 통해 통계를 추출해야 하기 때문에, 1년 늦게 발표된다. 즉, 2019년의 실제 신·재생에너지 보급통계는 2020년에 조사해 2020년에 발표한다.

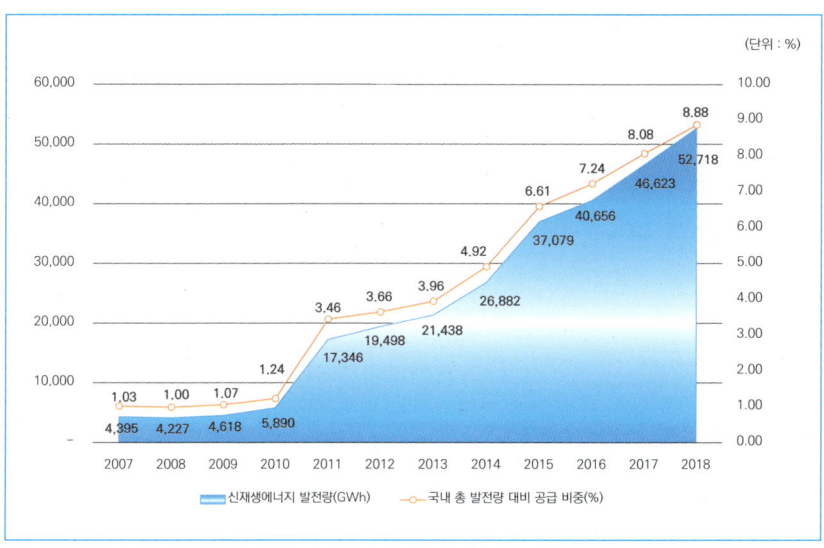

| 그림 | 우리나라 신·재생에너지 발전량 및 총 발전량 대비 공급 비중

신·재생에너지원별로 발전량을 살펴보면, 전체 신·재생에너지 발전량 52,718,258MWh 중 폐기물이 46.2%(24,355,370MWh)를 차지해 비중이 가장 높고, 다음으로 바이오 17.8%(9,363,229MWh), 그리고 태양광 발전 17.5%(9,208,099MWh) 순으로, 태양광 발전은 신·재생에너지 발전량 중 3번째로 높다.

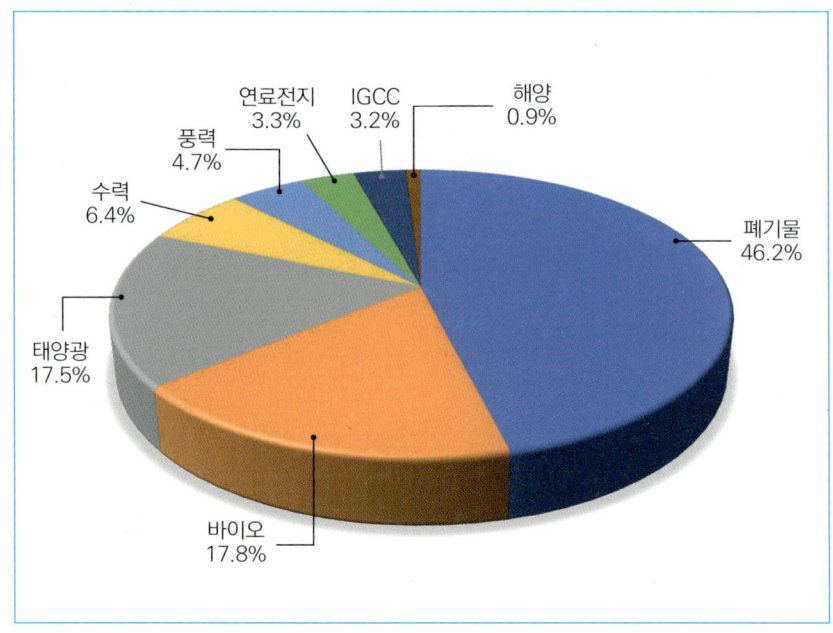

| 그림 | 우리나라 신·재생에너지원별 발전량 비중

📍 연도별 RPS 신·재생에너지 발전량

2012년부터 2019년까지 연도별 RPS 발전소를 통한 신·재생에너지 발전량은 총 107,045GWh[19]이다. 지난 8년간 발전원별로는 바이오에너지가 38,234GWh로 35.72%, 태양광이 31,683GWh로 29.60%, 그리고 수력이 10,066GWh로 9.40%를 차지했다.

---

19) www.kosis.kr, 국가통계포털

전술한 신·재생에너지 발전량과 RPS 신·재생에너지 발전량 사이에 차이가 발생하는 것은, RPS 설비로 등록된 사업에서 생산한 발전량만이 REC를 생산할 수 있기 때문이다. 이러한 이유로 신·재생에너지 발전량보다 RPS 신·재생에너지 발전량이 적다고 이해하면 된다. 특히 폐기물 부분의 신·재생에너지 발전량은 2018년에 24,355GWh이지만, RPS 신·재생에너지 발전소에서는 1,761GWh로, 7.23%에 불과하다.

| 표 | 연도별 신·재생에너지원별 RPS 발전소의 발전량 (단위 : MWh)

구분	2012	2013	2014	2015	2016	2017	2018	2019
태양광	75,537	455,273	1,261,208	2,584,540	3,605,930	5,262,988	7,046,636	11,391,110
풍력	62,977	213,061	330,454	500,776	802,123	1,210,808	1,633,205	1,976,687
수력	1,257,135	1,778,435	1,117,950	987,396	1,137,121	1,264,271	1,248,990	1,275,166
연료전지	58,130	326,819	859,125	965,354	1,051,536	1,393,965	1,585,735	2,262,405
바이오	68,804	677,016	3,120,903	4,805,543	5,299,921	6,619,204	8,413,413	9,228,937
폐기물	118,445	918,739	941,149	1,087,155	1,024,982	1,539,515	1,761,362	1,616,344
IGCC	0	0	0	0	105,101	874,386	1,080,199	760,640
합계	1,641,028	4,369,343	7,630,789	10,930,764	13,026,714	18,165,137	22,769,540	28,511,289
누적	1,641,028	6,010,371	13,641,160	24,571,924	37,598,638	55,763,775	78,533,315	107,044,604

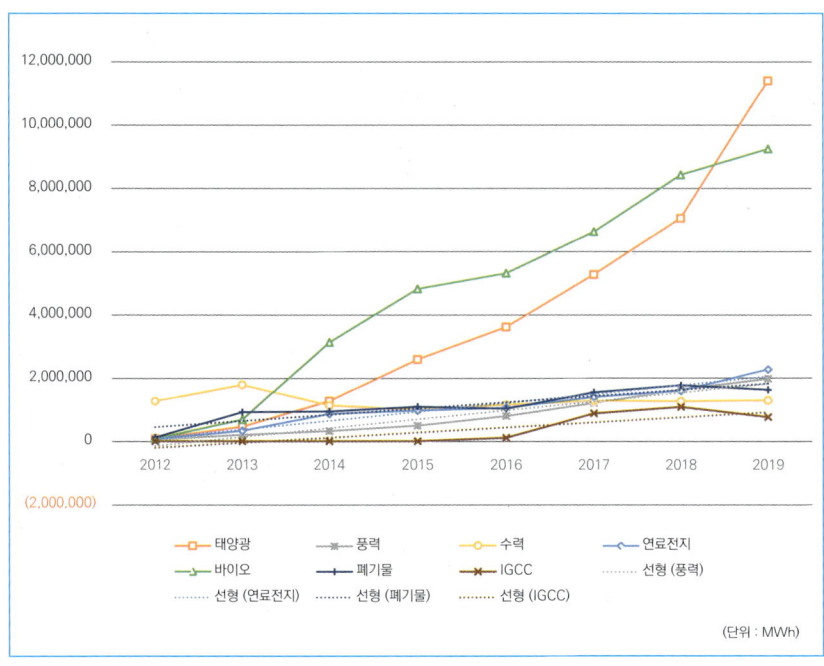

| 그림 | 우리나라 신·재생에너지원별 RPS 발전소의 발전량

🌐 신·재생에너지원별 RPS 발전소의 발전량 예측

2012~2019년까지 자료를 이용해, 지금까지의 추세대로 각 신·재생에너지원별로 발전한다고 가정하면, 향후 2022년까지 예상되는 RPS 신·재생에너지 발전량을 예측할 수 있다. 신·재생에너지원의 특성을 고려한 추세선(선형, 평균, 다항식)과 R^2값을 구하고, 이를 적용해 2020~2022년까지에 대한 발전량을 예측했다.

| 표 | 신·재생에너지원별 추세선을 이용한 예상 발전량 (단위 : MWh)

구분	발전량 예측			R^2	추세선
	2020	2021	2022		
태양광	13,992,499	17,699,771	21,850,419	0.985	다항식
풍력	2,096,928	2,375,965	2,655,002	0.953	선형
수력	1,258,308	1,258,455	1,258,323	-	평균
연료전지	2,317,266	2,596,018	2,874,770	0.953	선형
바이오	10,363,338	11,404,850	12,402,589	0.985	다항식
폐기물	2,006,210	2,201,821	2,397,432	0.837	다항식
IGCC	1,073,281	1,233,445	1,393,609	0.706	선형
합계	33,107,830	38,770,325	44,832,144		

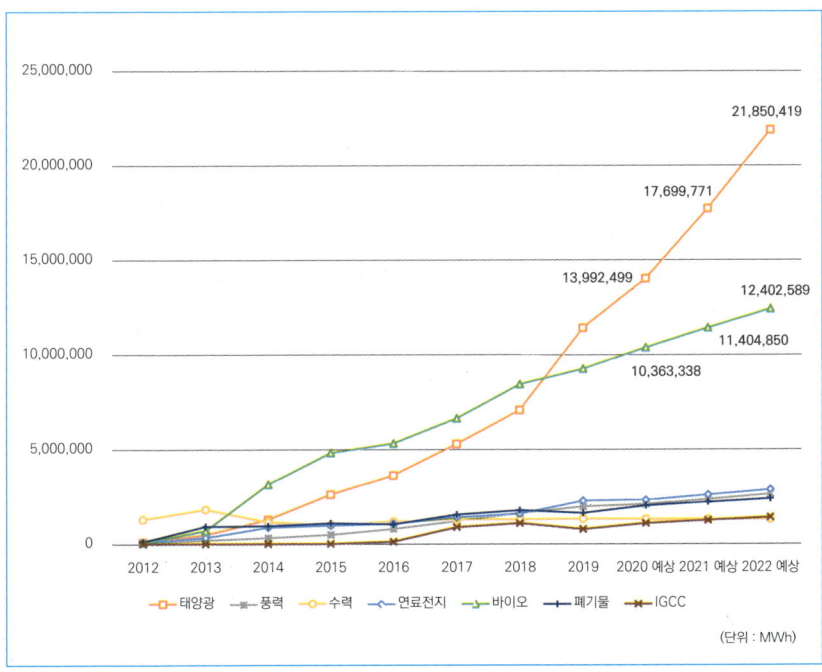

| 그림 | 2020년 이후 우리나라 신·재생에너지원별 발전량 예측

분석 결과, REC를 생산하는 신·재생에너지 발전량은 2019년 28,511GWh에서 2022년에 44,832GWh로 약 157.2% 증가할 것으로 예상된다. 이를 2018년 발전량 대비 신·재생에너지 발전량 비율로 환산하면, 신·재생에너지 발전량 비중이 2018년 8.88%에서 2022년 약 17.32%에 이를것으로 예상된다.

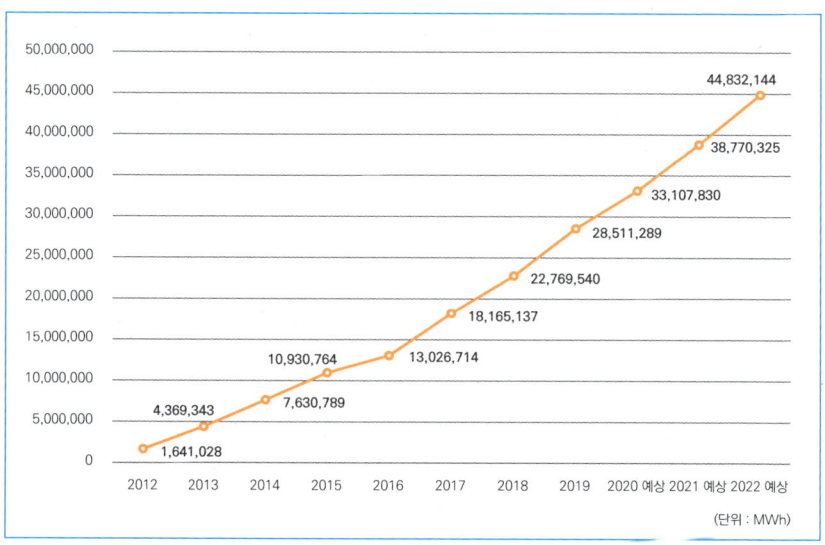

| 그림 | 2020년 이후 우리나라 연도별 총 신·재생에너지원 발전량 예측

전체 신·재생에너지 발전량 중 태양광 발전이 차지하는 비중은 2012년 4.60%에서 2019년에 39.95%까지 증가했고 선형회귀분석에 의하면, 2022년에는 약 53.13%에 달할 것으로 예측된다.

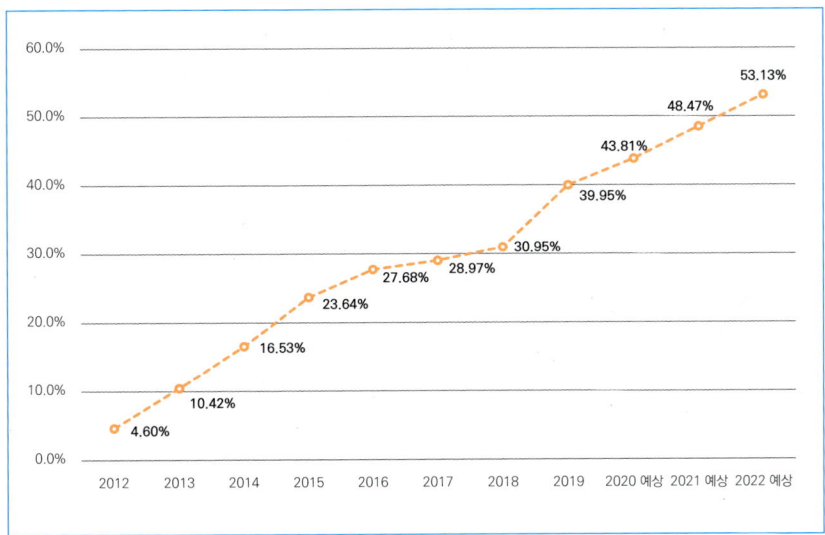

| 그림 | 연도별 신·재생에너지원 발전량 중 태양광 발전량 비율 예상

신·재생에너지원별 REC 발급량

신·재생에너지원별 REC 발급량

2012~2019년까지 총 발급된 REC의 양은 121,903,066이다. 전체 REC 발급량 중 34.13%인 41,605,328REC는 태양광 발전으로부터 발급되었고, 33.68%인 41,059,404REC는 바이오에너지에서, 그리고 13.95%인 17,066,405REC는 연료전지에서 발급된 것이다.

| 표 | 연도별 신·재생에너지원별 REC 발급량

(단위 : 1,000REC)

구분	2012	2013	2014	2015	2016	2017	2018	2019
태양광	92	579	1,629	3,365	4,571	6,521	9,223	15,625
풍력	63	213	331	502	893	1,502	1,991	2,393
수력	1,257	1,778	1,118	987	1,137	1,264	1,249	1,275
연료전지	116	654	1,718	1,931	2,103	2,788	3,171	4,525
바이오	73	700	3,237	4,958	5,453	7,062	9,278	10,298
폐기물	45	256	305	397	416	752	681	721
IGCC	-	-	-	-	26	219	270	190
합계	1,646	4,180	8,339	12,140	14,599	20,108	25,863	35,027
누적	1,646	5,827	14,165	26,305	40,905	61,013	86,876	121,903

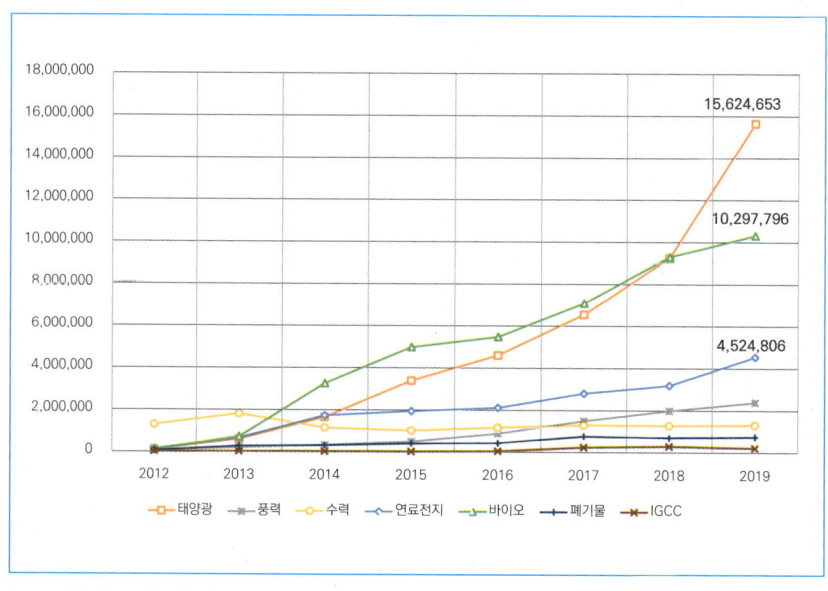

| 그림 | 연도별 신·재생에너지원별 REC 발급량

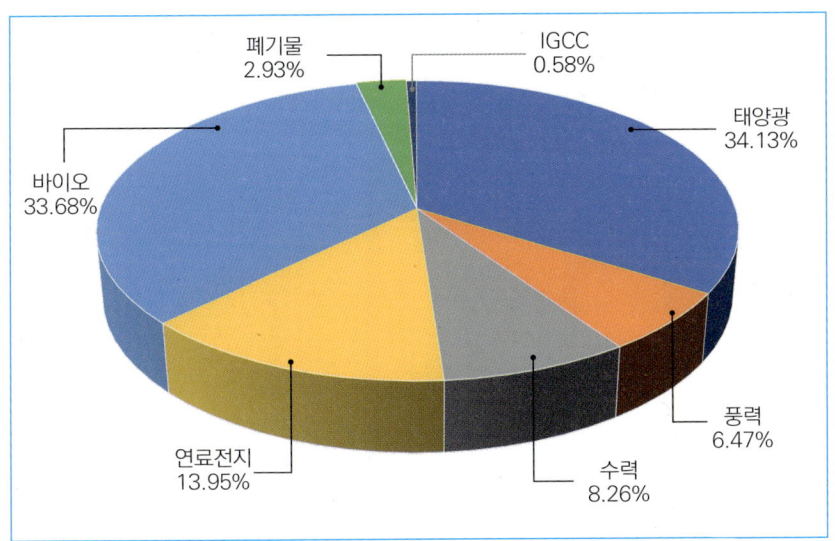

| 그림 | 2012~2019년까지 신·재생에너지원별 REC 발급량

신·재생에너지원에 대한 발전량과 REC 발급량을 바탕으로, 지난 8년 동안 신·재생에너지원별 REC 가중치를 추산할 수 있다. 연료전지가 2.0으로 가장 높고, 다음으로 태양광 1.31, 풍력 1.17 순으로 나타났다.

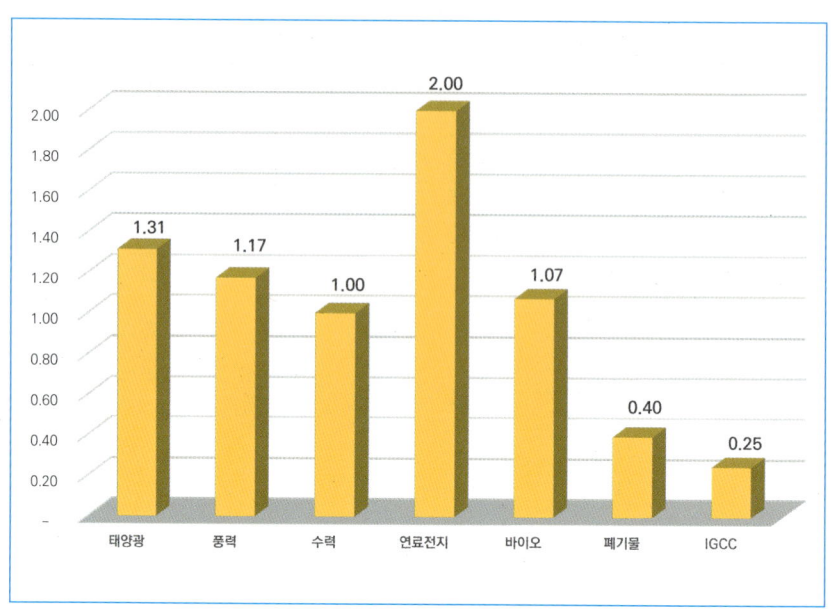

| 그림 | 2012~2019년 발급된 신·재생에너지원별 REC 가중치

바이오에너지 발전량 및 REC 발급량

바이오에너지 발전량

 태양광을 제외한 신·재생에너지원별 REC 발급량 중 두 번째로 많은 양을 발급받은 에너지원은 33.68%를 차지하는 바이오에너지다. 즉, 신·재생에너지원 중 태양광 발전의 관점에서 가장 영향을 미칠 수 있는 부분이 바이오에너지다. 바이오에너지에서 얼마만큼의 REC를 생산하느냐에 따라 현재의 REC 가격 폭락 사태가 지속될지, 아니면 향후 개선의 여지가 있는지를 판단할 수 있다. REC 가격 예측에서 바이오에너지에 대한 상세한 분석이 필요한 이유가 여기에 있다.

전술한 국가통계포털에서 제공하는 연도별 발전량 및 REC 발급 자료를 이용해 바이오에너지 원별로 상세히 분석하는 데는 한계가 있다. 국가통계포털에서 제공하는 자료는 연도별 신·재생에너지원 별 발전량과 REC 생산량에 대한 단일수치 자료만 제공하기 때문이다. 따라서 바이오에너지 원별 발전량을 살펴보고, 이를 통해 REC 발급량을 추산하기 위해서는 신·재생에너지 보급통계 자료[20]를 살펴봐야 한다.

신·재생에너지 보급통계 자료[21]에 의하면, 재생에너지원 중 태양광이 2017년 대비 2018년 증가율이 30.5%로 가장 높았고, 다음으로 바이오에너지가 25.4%, 그리고 수력이 19.7%다. 수치에도 나타났듯이 태양광 발전의 보급이 재생에너지 보급에 가장 큰 기여를 하고 있는 것은 부인할 수 없는 사실이다. 수력은 연도별 수자원 활용에 따라 변하고, 수력발전소를 설치하는 데 한계가 있기 때문에 논외로 한다고 하면, 결국 바이오에너지 발전량 및 REC 발급량을 살펴보고 REC 가격을 예측하는 것이 합리적이다.

---

20) 신·재생에너지 보급통계 자료는 우리나라의 전체 신·재생에너지 생산량에 대한 통계 자료서, 전술한 RPS 제도하에서 신·재생에너지 발전량 및 REC 발급량 자료와는 차이가 있으니 해석 시 유의가 필요함.
21) 한국에너지공단, 2018년 신·재생에너지 보급통계(2018년 판), 2019

| 표 | 전년 대비 재생에너지원별 발전량 및 증감률(%) (단위 : MWh)

재생에너지원	2017		2018		전년 대비 증감		기여도(%)
	발전량	비중(%)	발전량	비중(%)	발전량	증감률(%)	
태양광	7,056,219	15.1	9,208,099	17.5	2,151,880	30.5	35.3
풍력	2,169,014	4.7	2,464,879	4.7	295,865	13.6	4.9
수력	2,819,882	6.0	3,374,375	6.4	554,492	19.7	9.1
해양	489,466	1.0	485,353	0.9	△4,113	△0.8	△0.1
바이오	7,466,664	16.0	9,363,229	17.8	1,896,565	25.4	31.1
폐기물	23,867,053	51.2	24,355,370	46.2	488,317	2.0	8.0

　재생에너지 보급 용량(신규) 증가율 자료를 보면, 설비 용량 기준으로는 바이오에너지가 전년 대비 378MW가 증가해 증가율이 77.7%로 가장 높다. 절대 증가율로 보면 태양광 발전이 1,005MW 증가(증가율 73.7%)해 가장 높지만, 바이오에너지는 설비 용량 기준으로, 태양광의 36.5%를 차지한다. 태양광 발전은 낮 동안에만 발전할 수 있기 때문에, 실제 바이오에너지를 통한 발전은 태양광 발전과 거의 비슷하다고 해석할 수 있다. 실세 2018년 기준으로 태양광 발전의 용량이 2,367MW, 바이오에너지가 865MW이지만, 발전량은 오히려 바이오에너지가 9,363GWh로 태양광의 9,208GWh를 앞선다.

| 표 | 전년 대비 재생에너지원별 보급용량(신규) 및 증감률(%) (단위 : MW)

재생에너지원	2017		2018		전년 대비 증감		기여도 (%)
	설비 용량	비중(%)	설비 용량	비중(%)	설비 용량	증감률(%)	
태양광	1,362	65.1	2,367	67.0	1,005	73.7	69.7
풍 력	114	5.4	161	4.6	48	42.0	3.3
수 력	6	0.3	4	0.1	△2	32.8	△0.1
해 양	–	–	–	0.0	–	–	–
바이오	487	23.3	865	24.5	378	77.7	26.2
폐기물	90	4.3	38	1.1	△52	△57.9	△3.6

2012년부터 2018년까지 신·재생에너지원별 총 발전량은 바이오에너지가 38,233GWh로 전체의 35.72%를 차지하고, 다음으로 태양광이 31,683GWh로 29.60%를 차지해 전체 신·재생에너지 발전량의 65.32%를 차지한다. 이는 REC 생산량에 영향을 주고, 결국 바이오에너지는 REC 가격에 영향을 주는 중요한 요소가 된다는 의미다. 따라서 바이오에너지를 세분해서 살펴볼 필요가 있다.

| 표 | 2012년~2018년까지 신·재생에너지원별 누적 발전량 및 비중 (단위 : GWh)

구분	태양광	풍력	수력	연료전지	바이오	폐기물	IGCC	총계
누적 발전량	31,683	6,730	10,066	8,503	38,234	9,008	2,820	107,045
비중(%)	29.60	6.29	9.40	7.94	35.72	8.41	2.63	100.0

바이오에너지를 통해 전력을 생산하는 것은 바이오가스, 매립

지가스, 우드칩, 목재펠릿[22], 폐목재, 하수 슬러지 고형연료, Bio-SRF[23], 바이오 중유가 있다. 바이오에너지를 이용해 전력을 생산하는 것은 사업용과 자가용이 있는데 자가용은 제외하고, 전체 발전량의 약 96.93%를 차지하는 사업용 자료만 살펴보기로 한다.

| 표 | 2012~2018년까지 바이오에너지 전력 생산량 구분

구분	사업용	자가용	총계
발전량(MWh)	9,076,016	287,213	9,363,229
비중(%)	96.93%	3.07%	100.00%

국가통계포털에서 제공하는 2018년 바이오에너지 발전량은 8,413,413MWh이고, 신·재생에너지 보급통계에서는 9,076,015MWh로 약 92.7%가 REC를 생산하는 바이오에너지 발전소로 추정할 수 있다. 국가통계포털과 신·재생에너지 보급통계에서 제공하는 바이오에너지 발전량을 비교하면 다음과 같다.

---

22) 목재 펠릿은 방부제, 도료 등의 화학물질이나 유해물질에 오염되지 않은 목재를 압축 성형해 생산하는 작은 원통형의 표준화된 목질계 바이오 연료
23) 바이오 SRF는 접착제, 페인트가 사용되었던 폐목재류, 식물성 잔재물, 그 외 에너지로 사용이 가능하다고 환경부장관이 인정해 고시하는 바이오매스 폐기물로 제조된 고체형 연료. 목재펠릿과 바이오 SRF 차이점은 목재 펠릿은 오염되지 않은 목재이고, 바이오 SRF는 폐자원 및 폐목재로 만든 것임. 목재펠릿은 한국임업진흥원에서, 바이오 SRF는 폐자원에너지센터에서 품질 검사를 시행함

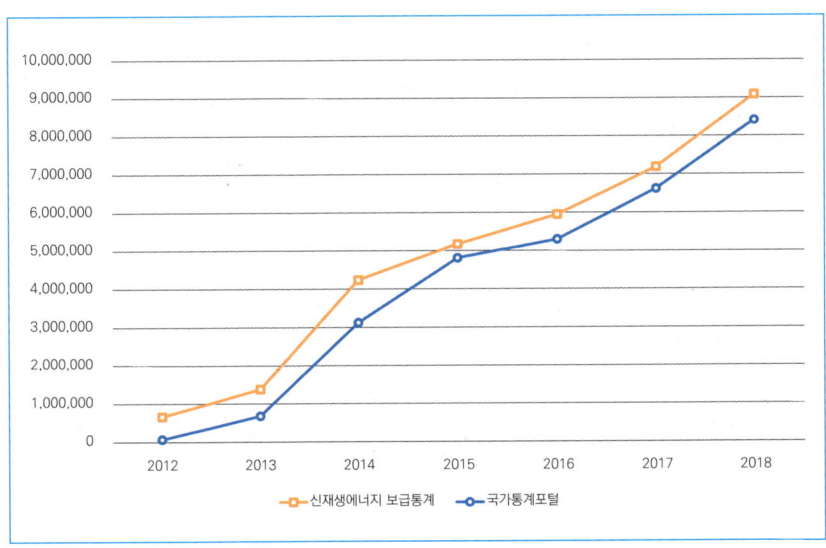

| 그림 | 바이오에너지 발전량에 대한 국가통계포털과 신·재생에너지 보급통계 비교

2012~2018년까지의 바이오에너지 종류별 전력생산량을 표와 그림으로 나타냈다. 전체 전력 생산량의 약 51.45%는 목재펠릿을 통해 생산하고, 다음으로 바이오 중유 18.08%, Bio-SRF 15.84% 순이다. 2018년의 경우에도 53.30%는 목재펠릿을 통해 생산하고, 다음으로 Bio-SRF 19.64%, 바이오 중유 17.74% 순이다.

| 표 | 연도별 바이오에너지 발전량 (단위: GWh)

구분	2012	2013	2014	2015	2016	2017	2018	합계
바이오가스	15.5	37.5	47.5	92.2	100.3	142.4	144.5	579.8
매립지가스	419.4	293.3	246.5	246.6	238.6	255.8	242.2	1,942.4
우드칩	23.1	62.1	105.9	131.3	54.5	52.5	53.8	483.2
목재펠릿	83.0	696.5	2,764.1	2,508.9	2,679.3	3,722.9	4,837.3	17,292.0
폐목재	32.2	99.2	–	18.0	–	–	–	149.4
하수슬러지고형연료	81.3	178.1	195.3	282.5	285.0	331.1	405.3	1,758.6
Bio-SRF	–	–	329.4	653.0	1,127.4	1,431.7	1,783.0	5,324.5
바이오중유	–	–	536.8	1,233.2	1,455.0	1,242.3	1,610.0	6,077.2
합계	654.4	1,366.7	4,225.5	5,165.6	5,940.1	7,178.8	9,076.0	33,607.1

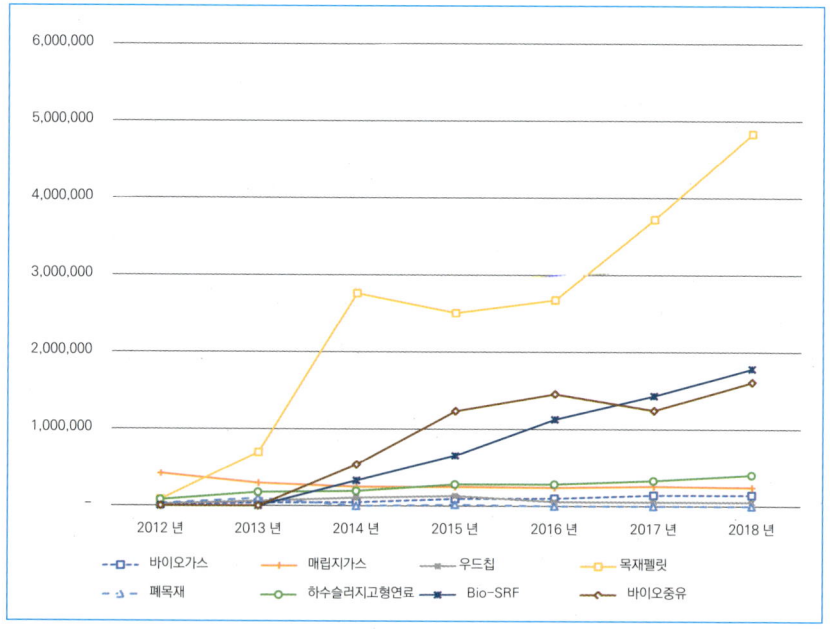

| 그림 | 바이오 에너지원별 연도별 발전량

2012~2018년 자료를 이용해 2019~2020년까지에 대한 바이오에너지에 의한 발전량을 예측할 수 있다. 여기서 고려할 사항은 국가통계포털의 자료와의 정합성을 위해 2018년, 2019년 자료를 이용해 보정해야 한다는 점이다. 보정은 국가통계포털 자료에 연도별 발전량과 REC 발급량 값이 존재하므로, 기준점을 국가통계포털 자료로 사용하는 것이 타당하다.

보정 절차는 다음과 같다.
1) 보급통계 자료는 2018년까지만 자료가 존재하므로, 6개 바이오 에너지원에 대한 바이오 에너지원별로 회귀식을 구한 후, 1차로 2019년 전체 예상 발전량을 산출한다.
2) 2018년과 2019년 자료를 이용해 국가통계포털 값과 보급통계 자료의 값을 비교한다. 비교 결과, 2018년에는 비율이 0.926으로 나타났고, 2019년 예측값과는 0.918%로 나타나 정확도는 99.13%의 정확도를 나타냈다.
3) 편차를 줄이기 위해 2018년과 2019년 비율을 평균한 후, 이를 2019년 보급통계 자료의 예측값에 곱하게 되면 최종 2019년 보정된 발전량 자료를 구할 수 있다. 이 값을 이용해 연도별 신·재생에너지원별 발전량을 구할 때 바이오에너지의 발전량을 예측한다.

이러한 방법으로 나머지 년도, 즉 2020~2022년까지 구하게 되면 2022년까지에 대한 바이오에너지로부터의 생산되는 발전량을 추산할 수 있게 된다.

| 표 | 바이오에너지원별 예상 발전량 비교

(단위 : MWh)

구분	바이오에너지 발전량 및 예측치			비고
	2018	2019	2019년 보정 자료	
국가통계포털(a)	8,413,413	9,228,937	9,228,937	통계 자료
보급통계 자료(b)	9,076,015	10,052,061	9,273,569	2018년 통계 자료 2019년 예측치
비율(a/b)	0.926	0.918	99.52% 정확도	평균치 0.923 사용

2019~2022년까지 바이오에너지원의 예상 발전량 및 예상 REC 발급량은 다음 표와 같다. REC 발급량은 2012~2019년까지의 REC 가중치의 평균값인 1.06을 곱해 추산했다. 2022년에 바이오에너지로부터 생산되는 REC는 13,146,745로 예상된다.

| 표 | 바이오에너지원별 예상 발전량(MWh) 및 REC 발급 예상량

구분	발전량 예측				R^2	추세선
	2019	2020	2021	2022		
바이오가스	175,624	198,823	222,022	245,221	0.9673	선형
매립지가스	313,453	384,314	475,799	587,908	0.8781	다항식
우드칩	72,106	72,877	73,648	74,418	–	평균
목재펠릿	5,360,423	6,082,956	6,805,489	7,528,022	0.9052	선형
폐목재	–	–	–	–	–	제외
하수슬러지 고형연료	446,617	495,463	544,309	593,155	0.9600	선형
Bio-SRF	2,047,835	2,369,635	2,691,435	3,013,235	0.9714	선형
바이오중유	1,636,004	1,623,817	1,543,582	1,395,299	0.8691	선형
합계	10,052,062	11,227,885	12,356,283	13,437,258		
보정된 발전량	9,278,053	10,363,338	11,404,850	12,402,589		
예상 REC 발급량	9,834,736	10,985,138	12,089,141	13,146,745		

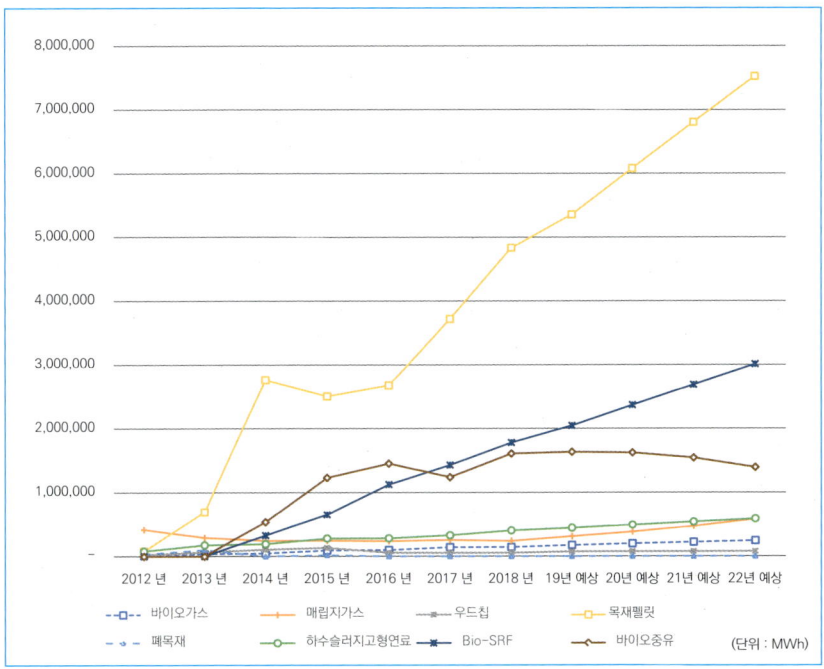

| 그림 | 바이오에너지원별 연도별 발전량 및 예상 발전량

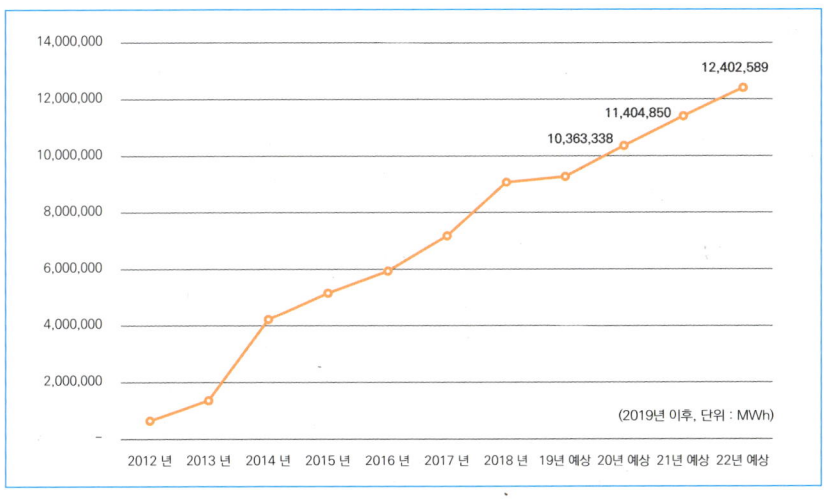

| 그림 | 연도별 바이오에너지 발전량 및 예상 발전량

Part 2 RPS 제도 및 REC 가격 동향

신·재생에너지원별 REC 생산량 예측

향후 2022년까지 예상되는 신·재생에너지원별 REC 생산량은 신·재생에너지원의 특성을 고려해 선형, 평균, 다항식 등 추세선을 이용해 구하고, 이를 이용해 2020~2022년까지에 대한 신·재생에너지원별 생산량을 예측했다. 단 바이오에너지는 전술한 바와 같이 별도로 추산했다.

예측 결과, 2020년에 41,197,751REC, 2021년 48,914,435REC, 그리고 2022년에는 57,204,015REC가 생산될 것으로 예상된다. 이는 2019년 발행량 35,027,361REC 대비 2022년에 약 163% 증가한 양이다.

| 표 | 신·재생에너지원별 추세선을 이용한 REC 생산량 예측

구분	REC 생산량 예측			R^2	추세선
	2020	2021	2022		
태양광	18,982,090	24,294,780	30,270,406	0.977	다항식
풍력	2,542,038	3,117,831	3,752,976	0.996	다항식
수력	1,258,301	1,258,449	1,193,450	–	평균
연료전지	4,634,537	5,192,042	5,749,547	0.953	선형
바이오	10,985,138	12,089,141	13,146,745		별도로 추산
폐기물	1,722,366	1,728,747	1,697,282	0.869	다항식
IGCC	1073281	1233445	1393609	0.706	선형
합계	41,197,751	48,914,435	57,204,015		

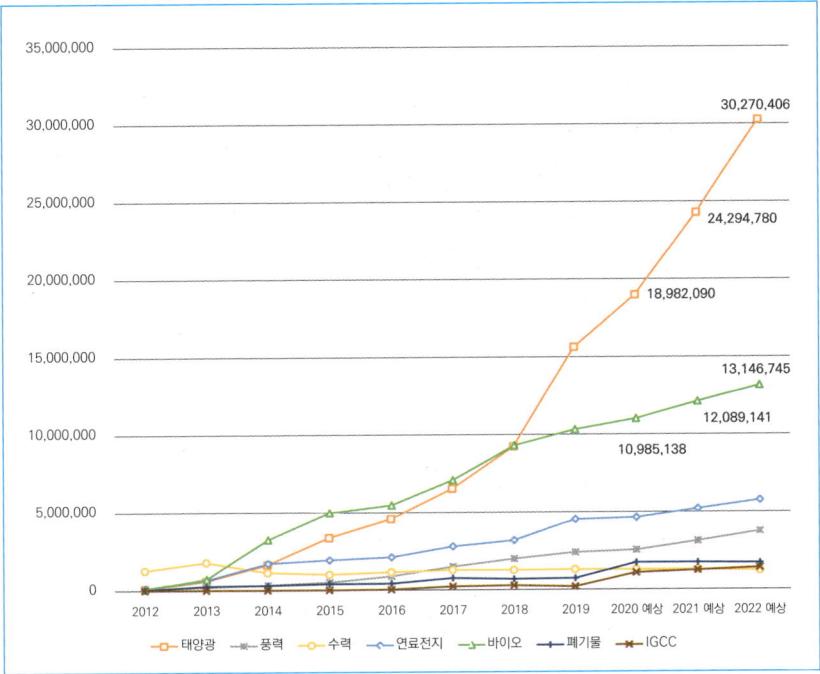

| 그림 | 2020년 이후 신·재생에너지원별 REC 생산량 예측

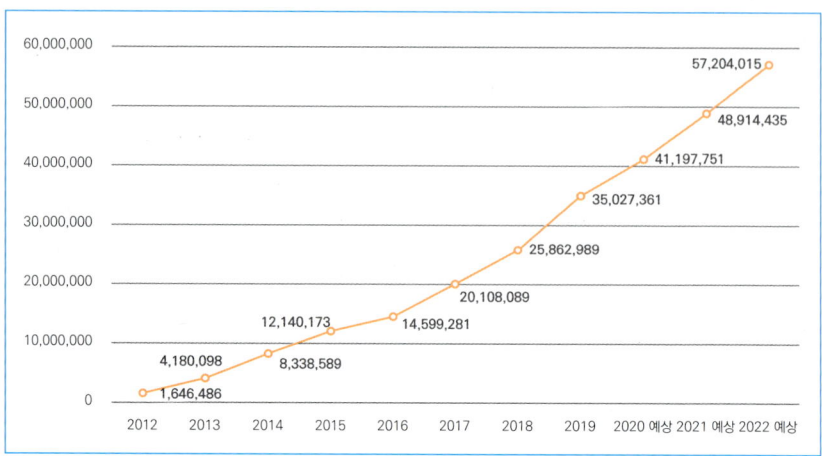

| 그림 | 2020년 이후 신·재생에너지에서 생산되는 REC 예측

2022년 기준으로 신·재생에너지원별 REC 생산 예상량은 태양광이 전체의 52.9%에 해당하는 30,270,406REC, 바이오에너지가 23.0%인 13,146,745REC, 그리고 연료전지가 10.1%인 5,749,547REC 순이다.

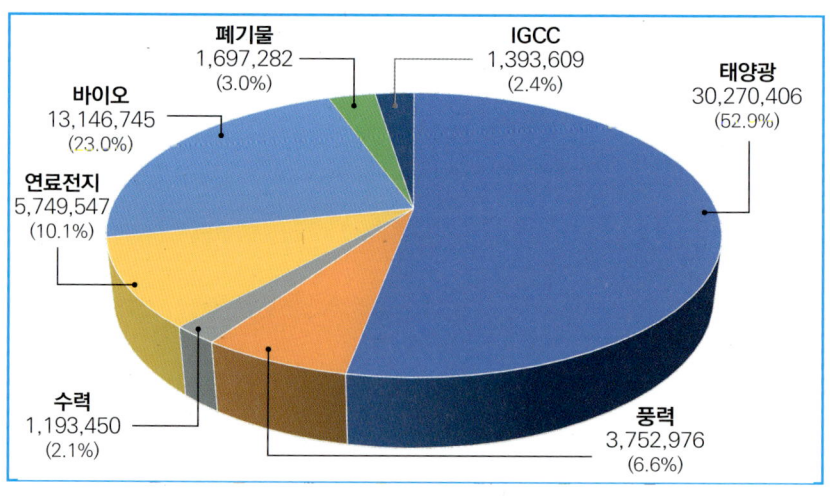

| 그림 | 2022년 신·재생에너지원별 REC 생산량 예측

전체 신·재생에너지 REC 생산량 중 태양광 발전이 차지하는 비중은 2012년 5.59%에서 2019년에 44.61%까지 증가했고, 추세선 분석에 의하면 2022년에는 약 59.15%에 달할 것으로 예측된다.

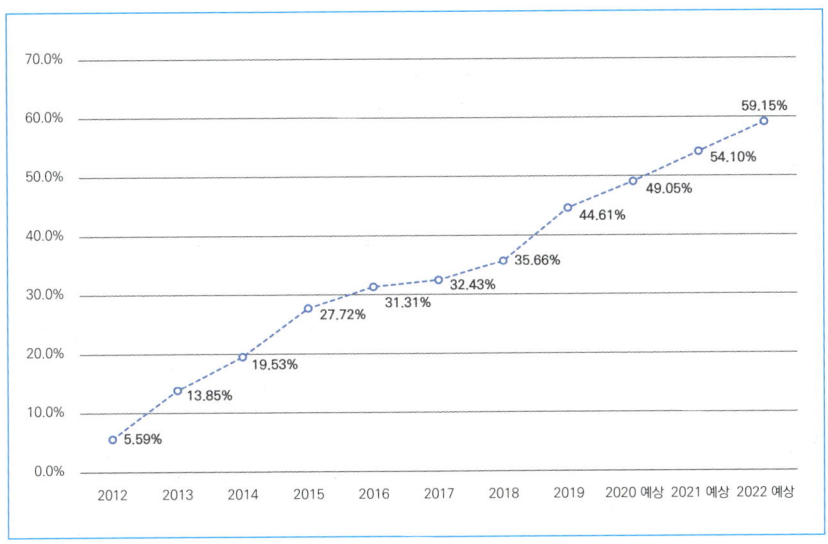

| 그림 | 신·재생에너지 REC 생산량 중 태양광의 비율 예측

종합하면, 2022년에 신·재생에너지 발전량 중 태양광 발전량의 비중은 53.13%까지 증가할 것으로 예상되고, REC 생산량 기준으로는 태양광이 차지하는 비중이 59.15%에 이를 것으로 전망된다. 이는 우리나라 재생에너지원 중 확장성이 큰 에너지원이 태양광이라는 의미다.

03
REC 가격 동향 및 특징

REC는 2015년 1월 10일 87,300원으로 거래를 시작해, 2016년 2월 24일 비 태양광과 통합되어 거래된 후, 2017년 3월 28일부터는 현물 시장을 통해 거래를 시작한 후 오늘에 이르고 있다.

현물 시장이 시작된 2017년 3월 28일 이전과 이후로 구분하면, 현물 시장 이전에는 총 3,433,417REC가 평균 가격 122,756원에 거래되었다. 반면 현물 시장 이후 2019년 12월 말까지 약 15,699,126REC가 거래되었으며, 연도별로 차이는 있지만 평균 가격은 90,954원에 거래되었다. 지금까지 전체 거래량은 18,627,640REC가 평균 가격 97,883원에 거래되었다.

현물 시장을 통해 2019년 12월 말까지 총 18,627,640REC가

거래되었으며, 이는 2019년까지 발행된 총 121,903,066REC의 15.28%에 해당한다.

| 표 | 2015~2019년 말까지 REC 현물 시장 거래 현황 종합

구분		거래량	평균 가격	비고
현물 시장 이전		3,433,417	122,756	2017년 3월 28일 이전
현물 시장 이후	2017년	2,193,357	124,022	2017년 3월 28일 이후
	2018년	5,923,629	98,187	
	2019년	7,077,237	62,881	
	합계/평균 가격	15,194,223	90,954	
합계/평균 가격		18,627,640	97,883	전체 거래량 및 평균 가격

2020년 1월부터 2월 말까지 거래된 REC의 거래량과 거래 가격을 살펴보면, 총 793,747REC가 거래되었으며, 평균 가격은 42,119원으로, 현물 거래가 이루어진 2017년 3월 28일 이후 2017~2019년까지의 평균 거래 가격인 90,954원의 46% 선에서 거래되고 있다. 2020년 1~2월 평균 거래가를 REC 가격이 가장 높았을 때인 2017년 5월 16일 132,472원과 비교하면, 현재 31.8% 선에서 거래가 이루어지고 있는 것이다. 즉 최고가 대비 1/3 가격에 거래가 이루어지고 있는 상황이다.

이러한 REC 가격의 폭락은 대출금을 활용해 발전 사업을 시작한 중소 발전 사업자에게 큰 부담이 아닐 수 없다. 이러한 상황이 지속되어 수익성이 개선되지 않을경우, 대출금에 대한 이자 부담이 가중되어 경제적으로 어려움을 겪을 확률이 높아지게 된다.

🌐 REC 거래 현황 분석

📍 REC 거래 현황

2015년 1월 10일 이후 현물 시장에서 REC 거래 현황은 다음 그림에 나타냈다. 2015년 이후 지금까지 총 REC 거래액은 약 1조 7,656억 원으로 추정되며, 연간 거래 규모는 3,530억 원 규모다. 2017년 3월 28일 이후 현물 거래 시장에서 연도별 REC 거래액수 총액은 2017년 2,771억 원, 2018년 5,716억 원, 2019년 4,307억 원 규모다.

현물 시장이 시작된 2017년 3월 28일 이후 2020년 2월 말까지 총 287회의 거래가 이루어졌으며, 그중 전 횟수의 거래 가격보다 마감 가격이 낮은 하락장이 170회로 전체의 59.23%, 반대로 상승장이 117회로 40.74%를 차지해 전반적인 하락세로 거래되고 있다.

현물 시장 이후 2번의 주요 정책적 변화가 있었다. 첫 번째는 2017년 12월 20일 정부의 재생에너지 3020 이행계획 발표를 들 수 있고, 두 번째는 2018년 6월 26일 임야 가중치 0.7 축소를 들 수 있다. 재생에너지 3020 발표 후 일시적으로 REC 가격이 상승했으나, 오래 지속되지 못했고, 임야 가중치 0.7 발표 후 REC 가격은 지속적으로 하락했다.

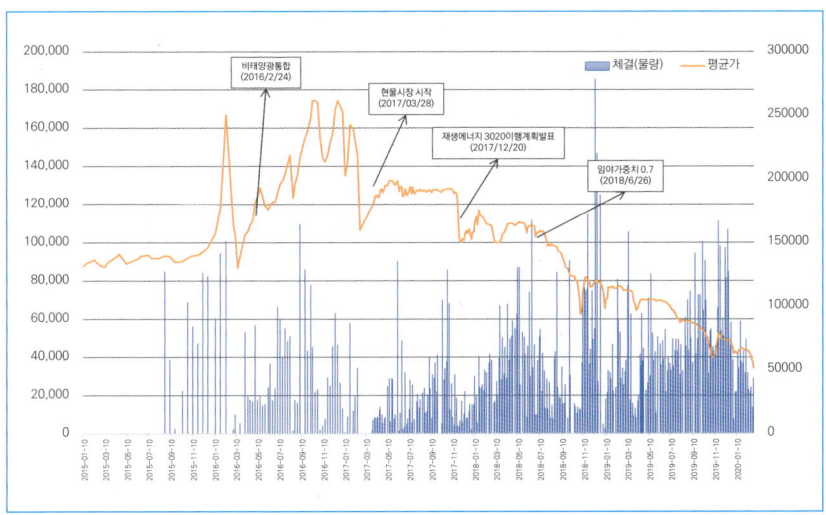

| 그림 | 2015년 1월 10일 이후 2020년 2월 말까지 REC 가격 및 거래량

금회(今回)와 전회(前回)와의 REC 가격 등락폭을 이용해 가격의 등락 폭을 계산하고, 이를 그래프로 그려보면 뚜렷한 감소 특징을 볼 수 있다. 하락장 170회 중 최대 하락폭은 2017년 11월 28일 -20.32% 하락이다. 회차 간 5% 이상 하락한 장의 횟수는 총 16회에 달한다. 반대로 회차 간 5% 이상 상승이 이루어진 거래횟수는 8회로 나타났다. 가장 많은 빈도수는 -1.12%~+0.48%로 총 133회, 46.34%가 여기에 해당한다.

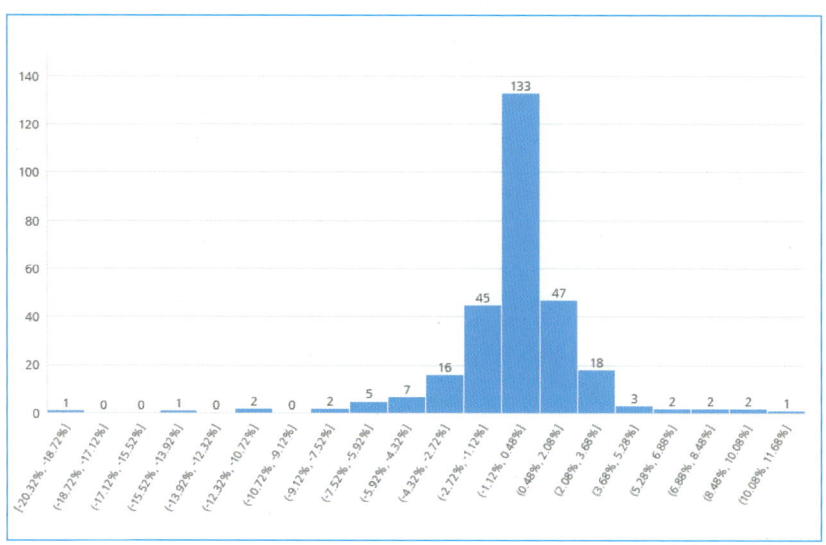

| 그림 | 현물 시장 거래 등락폭 빈도수

　현물 시장이 시작된 2017년 3월 28일 REC 가격 118,874원을 기준으로 가격 변동폭을 비교하면, 2017년 11월 28일까지는 REC 가격이 기준가 대비 상승세를 유지했으나, 이후 REC 가격이 하락하기 시작해 2018년 말에는 45% 정도 하락했으며, 2019년 말에는 110%까지 하락한 것으로 나타났다. 2020년 2월 말에는 기준 기격 대비 약 135%의 가격이 하락한 것이다.

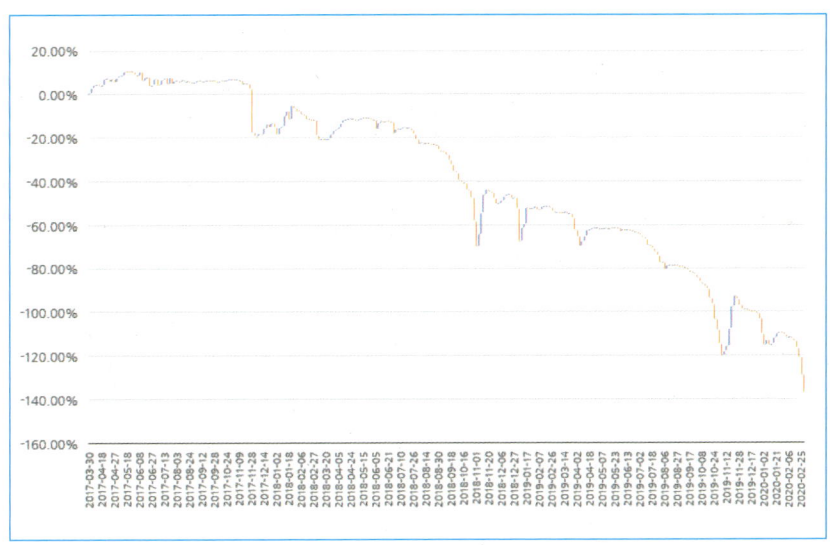

| 그림 | 현물 시장 시작일 가격 기준 대비 REC 가격 변동성

📍 REC 가격의 변곡점은 2017년 11월 28일이었다

현물 시장에서 전회 현물 시장 대비 -20.32%가 하락한 2017년 11월 28일은 REC 가격 폭락의 시점이 아닌가 생각된다. 이후 약간의 상승과 하락이 이어졌지만, 일시에 -20% 이상 하락한 REC 가격을 상쇄할 정책적 또는 시장 이슈가 나타나지 않은 것으로 보인다.

2017년 11월 28일을 전후한 대내외적 현안 이슈로는 2017년 10월 20일 신고리 원전 5, 6호기 공론화위원회는 공사 재개를 권고하는 결정을 내렸으며, 2017년 12월 20일 재생에너지 3020 이행계획 발표가 있었다. 그러나 원전공사 재개와 재생에너지 3020 이행계획을 REC 가격 폭락과 연계하기에는 무리가 있어 보인다. 그렇다면 매수희망 건수, 매도희망 건수, 매수희망 물량, 매도희망 물량을 살펴보자.

2017년 10월부터 2010년 11월 말까지의 2개월 동안 매수주문 건수, 매수주문 물량, 매도주문 건수, 매도주문 물량은 정상적인 상태에 비해 비율이 높았던 것으로 분석된다. 매수주문 건수 대비 매도주문 건수의 비율이 크다는 이야기는 가격이 하락할 확률이 높게 된다. 2017년 10월에 매수주문 대비 매도주문 수의 비율은 26이었으나, 11월에는 그 비율이 72로 3배 가까이 높게 된다. 매수물량 대비 매도물량 역시 10월에 4배에서 19배로 5배 가까이 올라가게 된다. 특히 2017년 11월 28일에는 매수주문 대비 매도주문 비율이 98배가 되고, 물량 역시 40배 이상 매도주문이 많은 상황이 된다. 이러한 상황에서 매수자는 좀 더 저렴한 가격에 매물을 확보할 수 있고 이로 인해 가격이 -20% 이상 하락한 것으로 보인다.

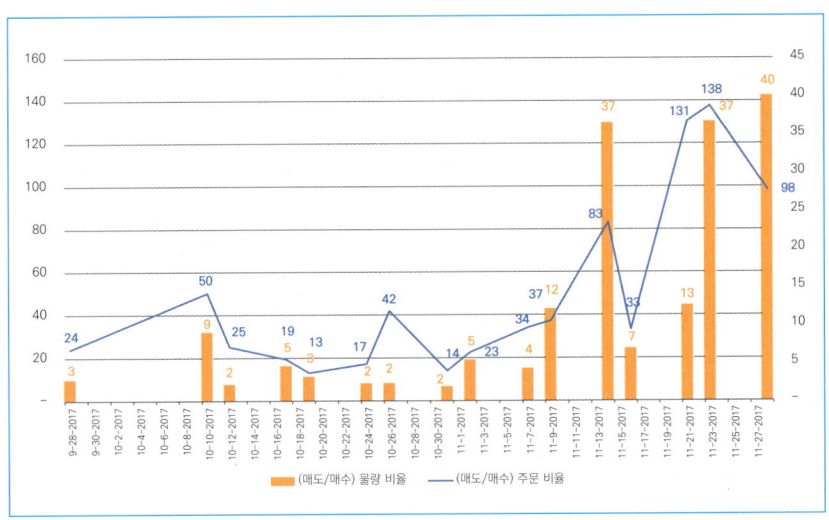

| 그림 | 2017년 10월, 11월 현물 시장 매수, 매도주문 비율

    이러한 논리를 설명하기 위해, 2019년 1년 동안의 매수주문 수와 매도주문 수의 비율, 그리고 매수주문 물량과 매도주문 물량을 비교한 그림은 다음과 같다. 참고로 2019년 평균 매수주문 대비 매도주문 수는 19이고, 물량 기준으로는 2이다. 2019년의 경우 가장 높은 매수주문 수 대비 매도주문의 비율은 73이고, 매도주문 및 매수물량 기준으로는 22이다.

    즉, 2017년 11월 28일을 즈음해 매수주문 대비 매도주문의 수나 물량의 비율이 130 이상 급격히 증가했고, 이로 인해 REC 가격 폭락의 원인을 제공한 것으로 해석된다. 이후 계속되는 매도주문과 정책적 변화가 없는 상태에서 가격이 하향세를 유지한 것으로 보인다.

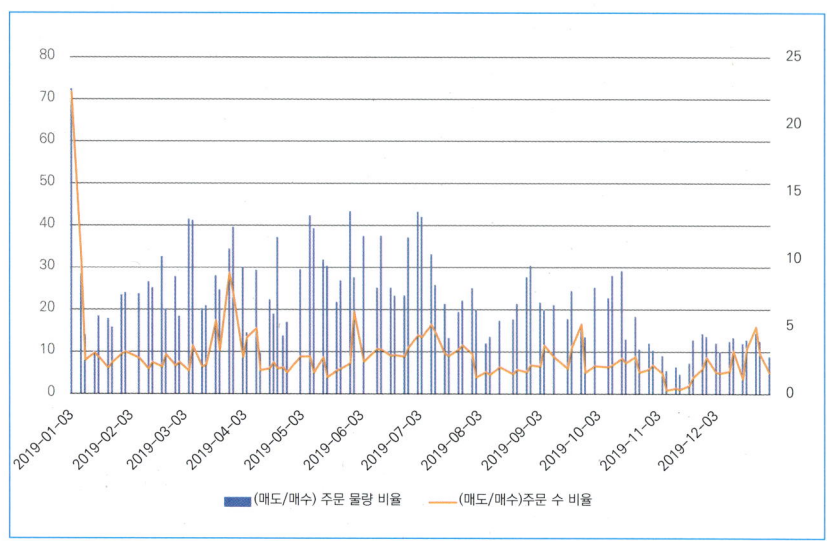

| 그림 | 2019년 현물 시장 매수·매도주문 비율

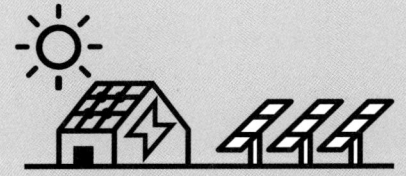

향후 REC 가격 예측

01
이론적인 방법에 의한 REC 가격 예측

이론적 고찰

REC 가격 예측을 위한 균등화 비용 전망

  기존 REC 가격 예측에 대한 연구 결과[24]에 따르면, REC 가격 예측은 SMP 가격 예측과 같이 시계열(Time Series) 분석 방법으로 예측하는 것은 불가능하다고 밝히고 있다. REC 가격을 설명하는 변수로는 신·재생에너지 의무량, REC 공급량, 계통한계 가격, 균등화 비용(Levelized Cost of Energy, LCOE), 정책 변화 등이다. 이는 REC 거래의 역사가 짧아 자료가 충분히 축적되지 않았고, 분석에 사용되는 현물 시장의 REC 거래량은 전체의 약 15%에 불과하기 때문에

---

24) 이철용, 신·재생에너지 공급인증서(REC) 가격 예측 방법론 개발 및 운용, 2015, 에너지경제연구원

REC 거래 시장을 대변할 수 없을 뿐만 아니라 특히 2015년 태양광과 비 태양광 시장을 통합하는 등의 정책 변화로 분석에 한계가 있음을 뜻한다고 밝혔다.

그러나 현재 상황은 2016년의 상황과 다르다. 우선 2017년 3월 28일 이후 현물 시장에서 거래된 REC에 대한 수요·공급 자료, 그리고 가격 정보가 충분히 축적되어 있다. 따라서 이철용(2016)의 연구 결과는 현재 상황에서 맞지 않는 가설이다.

이론적 방법에 의한 REC 가격 예측을 위해, 이철용 등(2016)이 사용한 균등화비용 모형을 이용해 REC 가격을 예측했다. 이 모형의 가정은 신·재생에너지 발전의 수익원은 SMP 가격과 REC 가격이며, 이 합이 균등화 비용보다 큰 경우에만 발전 사업자들이 태양광 시장에 참여한다는 것이다. 즉, t기의 REC 가격은 LCOE에서 SMP 가격을 뺀 가격보다 높은 값에서 형성될 가능성이 크다는 가정을 이용해 추정할 수 있다.

신·재생에너지 발전의 수익원
= 계통한계 가격$(SMP)_t$+$REC_t \geq LCOE_t$
$REC_t \geq LCOE_t - SMP_t$ 가 된다.

여기서 균등화 비용이란, 평균 발전 비용(원)을 발전량(kWh)으로 나눈 값, 또는 발전 시설 총 비용 현재 값을 총 발전량 현재 값으로 나누어준 값이다. 태양광 발전의 경우 LCOE 비용은 태양광 모듈, 인버터, 설계·조달·시공, 유지·운영 비용(O&M Cost), 이자 비용, 보험 비용, 기타 비용을 포함한 값이다.

LCOE와 관련한 가장 최근의 연구는 이창호(2019)[25]의 연구 결과다. 이창호(2019)는 태양광 투자비 항목에 대해 모듈과 비모듈로 구분해 전망했다. 이창호(2019)는 모듈 가격 전망은 해외기관의 모듈 가격전망을 반영하고, 비모듈 부분에 대한 전망은 국내 실적 기반의 학습곡선을 활용하는 방식을 적용했다. 국내 실적 기반 학습곡선 적용 시 정부에서 발표한 '재생에너지 3020 이행계획'의 향후 연도별 누적 설비 용량 증가에 따른 연도별 전망치를 추정한 후, 해당 전망치의 연도별 증감률을 산출해 앞서 산출한 '17년 기준 표준 단가에 적용하는 절차로 진행했다. 다만, 비 모듈의 경우 학습곡선에 따른 전망치 반영 시 보조설비 및 공사비에 한정해 적용하며, 인허가, 기타 부대비, 연계비 등 경직성 비용은 현재 수준과 동일하게 적용했다'고 밝히고 있다. 이를 바탕으로 할인율 5.5%를 적용했을 경우에 대한 연도별 LCOE를 전망한 결과는 다음과 같다.

---

25) 이창호, 신·재생에너지 균등화 발전비용 전망(태양광을 중심으로), 2019. 01. 02. 전기저널(www.keaj.kr)

| 표 | 연도별 태양광 발전 LCOE 전망(이창호, 2019) |

(단위 : 원/kWh)

구분	2017	2020	2025	2030
LCOE	142.58	119.60	103.09	92.00

    여기서 토지비는 제외했다. 이창호(2019)의 추정 LCOE 값을 이용해 2020~2022년까지 REC 가격을 예측해야 하므로, 2020년 LCOE 값과 2025년 LCOE 값이 선형으로 감소한다고 가정해 연도별 LCOE 값을 구했다.

| 표 | 연도별 태양광 발전 LCOE 전망(편집자 재편집) |

구분	2020	2021	2022	비고
LCOE	119.60	119.60	113.00	선형 감소

SMP, REC 가격 예측

REC 가격 예측을 위한 SMP 가격 예측

    LCOE를 이용해 REC 가격을 예측하기 위해서는, 전술한 바와 같이 SMP 가격 예측 정보가 필요하다. 지금까지 연구 결과에 의하면, SMP가격에 영향을 주는 인자로는 LNG 가격이라는 주장과 유가라는 주장이 있다. SMP 가격은 LNG 가격에 의해 결정된다는 주장[26]은 전력거래소의 연구 결과다. 2016년 전력거래소의 연구에 따르면, SMP 가격은 LNG 발전기에서 결정되며(2015년 5월 전력 시장 운영 실적을 기준으로 LNG 가격이 SMP 가격의 95.3%를 결정), 국제유가가 LNG 원료비에 5개월 후에 영향을 준다고 밝히고 있다. 이를 종합하면 SMP 가격은 단기적으로는 LNG 가격에 영향을 받고, LNG 가격은 석유 가격에 영향을 받는다는 의미다. 두 번째, SMP 가격이 국제유가에 주로 영향을 받는다는 주장[27]은 한국에너지공단에서 발표한 내용이다. 한국에너지공단 자료에 의하면 정성적으로 판단할 때 SMP 가격과 국제 유가 사이에 상관관계가 있는 것으로 밝히고 있다.

필자가 2017년 수행한 분석에 의하면, SMP 가격과 유가는 89.4% 수준에서, 그리고 LNG 가격은 83.1% 수준에서 상관관계가 있는 것으로 밝혀졌다. 따라서 SMP 가격에 영향을 주는 주요 변수(Main Factor)는 유가이고, 다음으로 LNG 가격이 영향을 주는 것으로 나타났다. 전력거래소에서 제시한 결과와는 다른 결과가 도출되었는데, 이는 분석 기간의 차이 때문으로 판단된다. 필자는 상대적으로 장기간인 7년 5개월 자료를 사용해 분석했으며, 전력거래소는 1년 자료를 사용했다.

---

26) 김철호, 태양광 발전소 거래컨설턴트 교육 자료, 2017
27) 한국에너지공단, 국제유가와 SMP 가격과의 관계(재인용, 성락준, 태양광 발전소 거래컨설턴트 교육 자료, 2017)

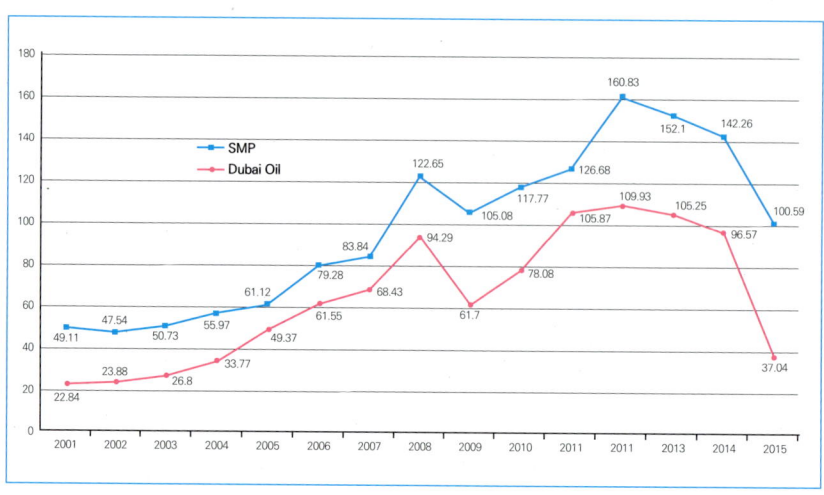

| 그림 | 국제 유가 및 SMP관계   출처 : 한국에너지공단, 2016, 재 인용

따라서, 유가 자료만을 이용해 SMP 가격과의 상관관계를 구하고, 여기에 국제 유가 전망 자료를 이용해 SMP 가격을 예측하고자 한다. SMP 가격 예측 과정은 다음 표에 요약했다. 국제 유가와 SMP 가격에 대한 원시 자료(Raw Data) 시계열은 다음 그림과 같다.

| 표 | SMP 가격 예측을 위한 분석 과정

단계	주요 내용	세 부 내 용
1 단계	SMP 가격에 영향을 미칠 수 있는 인자 자료 수집	·자료 수집 기간 : 2010년 1월 ~ 2019년 12월 (n=120), 10년 자료 ·수집 자료 : SMP 가격(육지), 유가 자료
2 단계	분석을 위한 자료 가공	·월 단위
3 단계	통계 Package를 이용한 분석	·EViews 8.0
4 단계	예측을 위한 유가 예측 자료	·World Bank 예측 자료
5 단계	SMP 가격 예측	·2020~2022년(3년)

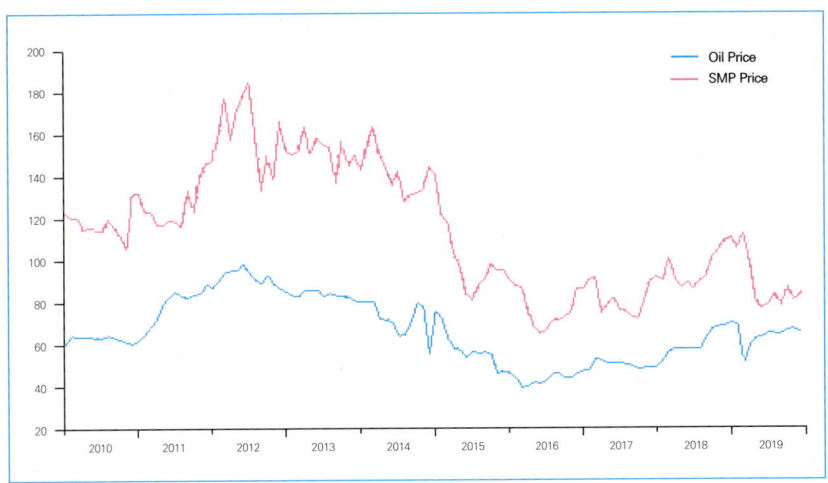

| 그림 | Raw Data 수집 결과

원시 자료(Raw Data)를 이용해 SMP 가격과 국제 유가 사이의 상관관계를 분석한 결과, SMP 가격과 유가는 86.78% 수준에서 상관관계가 있는 것으로 밝혀졌다. 이는 2017년 분석 시 SMP 가격과 유가 사이의 상관관계인 89.4%보다 약 2.62% 낮은 수준이다.

이를 이용해 식을 구하면, SMP 가격=유가×1.728559-1.146113 ($R2=0.753129$)이 된다. 이 식의 유가는 세계은행[28]에서 예측한 유가를 사용하게 되면, 2020~2022년까지의 월별 SMP 가격을 예측할 수 있다. 세계은행에서 예측한 2022년까지의 유가 예측은 다음 표와 같다.

---

28) http://pubdocs.worldbank.org/en/477721572033452724/CMO-October-2019-Forecasts.pdf

| 표 | 세계은행에서 예측한 2020~2022년 유가

구분	2020	2021	2022	비고
유가($/bbl)	58.0	59.1	60.2	Crude Oil 평균

SMP 가격 예측 결과, 2020~2022년까지 평균 SMP 가격은 약 103.49원/kWh로 예측되었으며, 연도별로는 2020년 103.22원/kWh, 2021년 102.65원/kWh, 그리고 2022년 104.60원/kWh이다. 이렇게 SMP 가격 편차가 적은 이유는 세계은행에서 예측한 원유의 가격 차이가 크지 않기 때문이다.

| 그림 | 2020~2022년까지 SMP 예측 결과

📍 LCOE를 이용한 REC 가격 예측

전술한 LCOE 예측값과 SMP 예측값을 이용해 2020~2022년까지에 대한 REC 가격을 예측하면, 2020년 REC 예상 가격은 16,380원, 2021년에는 13,650원, 그리고 2022년에는 8,400원으로 추정된다. 이상의 결과로부터 REC 가격은 향후 지속적으로 하락하는 것으로 분석되었다. 2020년에 1.6만 원대에서 2022년 1만 원대 이하로 가격이 형성된다는 결론이다.

| 표 | LCOE를 이용한 REC 가격 예측 (단위 : 원/kWh)

구분	2020	2021	2022	비고
LCOE	119.60	116.30	113.00	이창호, 2019
SMP 가격 예측	103.22	102.65	104.60	
예상 REC 가격	16.38	13.65	8.40	

02
수요·공급 관점에서 REC 가격 예측

경제학에서 상품의 가격은 수요와 공급에 의해 결정된다. 이 원리가 적용된다는 가정하에서 REC의 가격을 수요·공급 관점에서 살펴보고자 한다. 여기서 수요는 RPS 제도하에서 의무 공급사가 구매해야 하는 REC를 의미하고, 공급은 신·재생에너지원으로부터 생산되는 REC를 의미한다.

🌐 수요량 분석

📍 2020년 이후 REC 수요량 분석

REC 수요량은 정부에서 연도별로 22개 의무 공급사에 부과하는 의무 공급량[29]이다. 2020년 기준으로 의무 공급량은 31,401,

999MWh[30]이다. 이 양은 2019년의 26,957,761MWh 대비 약 16.5% 증가한 양이다. 2020년의 의무 공급량이 7%인 점을 고려한다면, 2020년 우리나라의 총 전력 생산량은 약 448,600GWh가 된다는 의미다.

2012~2020년까지 의무 공급량 자료를 바탕으로, 2021~2022년까지 예상되는 의무 공급량을 추정하면, 2021년에는 약 36,780,120MWh, 2022년에는 42,638,097MWh로 예상되었다. 추정 방법은 2022년까지 REC 의무 공급량이 선형으로 증가한다고 가정해 추세선을 구하고, 이를 2022년까지 적용했다. 추세선의 R^2는 0.9904이다.

| 표 | 연도별 의무 공급량 및 예상 의무 공급량 (단위 : REC/년)

연도	2012	2013	2014	2015	2016	2017
의무 공급량	6,420,279	9,210,381	11,578,809	12,375,282	15,084,497	17,039,103
연도	2018	2019	2020	2021	2022	총계
의무 공급량	21,999,681	26,957,761	31,401,999	36,780,120	42,638,097	231,486,009

---

29) 의무 공급량 공고의 법적 기준은 신에너지 및 재생에너지 개발·이용·보급 촉진법 제12조의5, 동법 시행령 제18조의4 및 신·재생에너지 공급 의무화제도 및 연료 혼합의무화제도 관리·운영지침 제4조임.
30) 2020년 공급 의무자별 의무 공급량 공고, 2020.01.31., 산업통상자원부

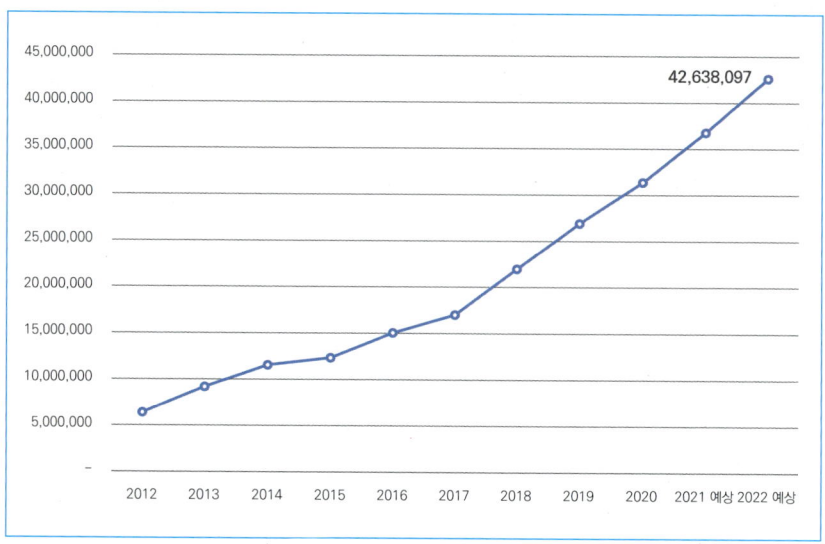

| 그림 | 2012년 이후 연도별 의무 공급량 및 2021, 2022년 예상 의무 공급량

그러나 2020년 이후 실제 RPS 시장에서 수요량은 RPS 제도에서 의무 공급사에 부과하는 의무 공급량과 다르다. 2011년부터 시작된 판매사업자선정 제도, 2017년 상반기부터 시작된 장기고정가격 입찰 제도, 그리고 2018년부터 시작된 한국형 FIT 제도를 통해 이미 의무 공급사에서 구매한 장기계약된 REC 물량을 제외해야 한다.

지금까지 의무 공급사가 계약한 물량

2011년 하반기부터 2019년말까지 'RPS 태양광 발전 공급인증서 판매사업자선정 제도(12년 장기계약)'와 'RPS 고정가격계약 경쟁입찰 제도(20년 장기계약)'를 통해 지금까지 의무 공급사가 태양광 발전 사업자로부터 장기계약한 건수 및 용량은 다음과 같다.

표 | 2011년 이후 의무 공급사가 장기계약한 건수 및 용량

구분	발전소수(개소)	용량(kW×가중치)	경쟁률	비고
2011년 하반기	88	32,583	2.7:1	판매사업자 선정 제도
2012년 상반기	93	16,017	7.1:1	
2012년 하반기	765	115,308	2.5:1	
2013년 상반기	211	61,254	4.4:1	
2013년 하반기	375	101,036	4.9:1	
2014년 상반기	843	162,090	4.2:1	
2015년 상반기	1,002	160,063	11.2:1	
2015년 하반기	1,257	182,976	6.7:1	
2016년 상반기	1,325	210,718	4.9:1	
2016년 하반기	1,177	200,083	3.7:1	
2017년 상반기	869	250,455	1.96:1	고정가격계약 경쟁입찰 제도
2017년 하반기	1,472	251,198	2.9:1	
2018년 상반기	1,517	250,653	4.3:1	
2018년 하반기	1,724	351,439	5.4:1	
2019년 상반기	1,805	350,545	5.7:1	
2019년 하반기	2,570	501,364	5.35:1	
합계/평균	17,093	3,197,782	4.87:1	

우선 2011년부터 2016년 하반기까지 운영되었던 REC 가격에 대해 입찰하는 '판매사업자선정 제도'에서 총 7,136개소의 발전소가 가중치가 고려된 총 용량 1,242MW을 의무 공급사와 계약을 체결했다. 계약된 발전소의 평균 용량은 174kW 규모다. 이후 '고정가격계약 경쟁입찰 제도'를 통해 총 9,957건, 1,996MW의 계약이 이루

어졌다. 두 제도를 통해 2019년 말까지 총 17,093개소의 발전소가 3,197,783kW 용량에 대해 의무 공급사와 계약한 것이다.

여기에 2018년 시작된 소형태양광 고정가격계약(이하 '한국형 FIT'라 칭함)을 통해 발전 6개사가 계약한 물량까지 의무 공급사가 계약한 물량으로 산정해야 한다. 2018년과 2019년에 계약된 한국형 FIT의 계약 건수 및 물량[31]은 다음 표와 같다.

| 표 | 한국형 FIT 계약 건수 및 용량

구분	2018	2019	합계
발전소 수	2,129	10,880	13,009
용량(kW)	158,049	634,862	792,911

의무 공급사와 태양광 발전 사업자 사이에 '판매사업자선정 제도', '고정가격계약 경쟁입찰 제도', 그리고 '한국형 FIT제도'를 통해 계약한 총 계약 건수 및 용량(kW)은 각각 30,102건, 3,991MW이다. 전체 계약에 대한 평균 용량은 132.6kW이다. 이처럼 계약 건당 평균 설비 용량이 적은 이유는 한국형 FIT 제도를 통해 100kW 미만의 소형 태양광 발전소와 다수의 계약이 이루어졌기 때문이다.

---

[31] 2018년, 2019년 소형 태양광 고정가격계약(한국형FIT) 접수 건수 및 용량 정보 공개 청구

| 표 | 의무 공급사가 지금까지 계약한 건수 및 용량

구분	건수	용량(MW)	비고
판매사업자선정 제도	7,136	1,242	2015~2016년
고정가격경쟁입찰 제도	9,957	1,956	2017~2019년
한국형 FIT 제도	13,009	793	2018~2019년
총계	30,102	3,991	평균용량 132.6kW

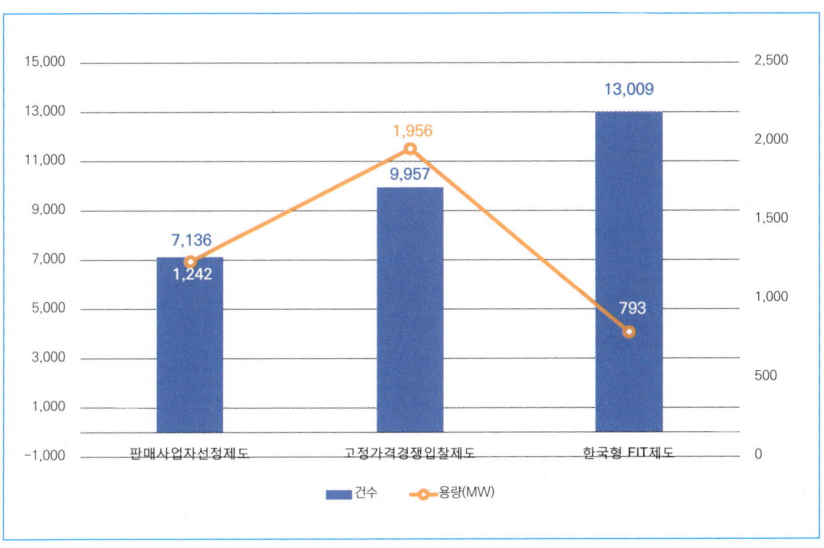

| 그림 | 6대 발전 자회사의 장기계약 건수 및 용량

　의무 공급사가 태양광 발전 사업자와 계약한 물량은 의무 공급사가 2022년까지 매년 사들여야 하는 REC 물량이다. 설령 판매사업자선정 제도를 통해 2012년에 계약을 체결했다고 하더라도, 계약 기간이 당시 12년이었기 때문에, 의무 공급사는 2024년까지 계약에

의거 REC를 구매해야 한다.

수요량 산출 시 장기계약 물량과 함께 2015년부터 시작된 현물 시장에서 의무 공급사가 구입한 물량을 제외해야 실제 시장에서의 수요량을 추산할 수 있다.

▶ **장기 계약건에 대한 평균 REC 가중치 추산**

한국형 FIT 계약을 제외한 판매사업자선정 제도와 고정가격경쟁입찰 제도의 계약 건수와 용량을 바탕으로 추산하면, 개소당 평균 용량은 187kW로 추정되며, 이는 REC 가중치가 약 1.107이 된다는 의미다. 그러나 이 가중치는 거래 매물에 대한 전체 가중치로서, 계약 용량이 고려되지 않은 가중치다. 용량이 고려된 평균 REC 가중치를 추산하는 이유는, 계약 용량 값을 이용해 연간 생산하는 REC의 양을 추산하기 위함이다.

지금까지 이루어진 장기계약 건에 대한 REC 가중치를 추산하기 위해서는 용량별로 세분화된 자료를 이용해 분석해야 한다. 2017년 상반기부터 2018년 상반기까지 3회에 걸쳐 장기고정가격 경쟁입찰 제도를 추진하면서 100kW 미만과 100kW~3MW 미만, 3MW 이상으로 용량을 구분해 계약을 체결했다. 실제 3MW 이상의 설비 용량에 대해 계약이 이루어진 사례는 없었다. 이후 2018년 하반기부터 100kW 미만, 100kW~1MW 미만, 1MW 이상으로 구분해 계약을 추진하게 된다. 가장 세분화된 자료는 2018년 하반기 이후 자료로서, 이 자료를 이용하면 계약 물량에 대한 REC 평균 가중치를 추정할 수 있다. 다음 표는 2018년 하반기 이후 계약 건수 및 용량에 대한 정보이다.

| 표 | 2018년 하반기 이후 장기고정가격 경쟁입찰 제도 낙찰 결과

구분	100kW 미만		100kW~1MW		1MW 이상		총계	
	개소	용량(kW)	개소	용량(kW)	개소	용량(kW)	개소	용량(kW)
2018하반기	1,512	140,556	188	130,041	24	32,640	1,724	303,237
2019상반기	1,527	140,264	249	126,657	29	32,740	1,805	299,661
2019하반기	2,115	200,137	381	170,259	74	43,174	2,570	413,570
합계	5,154	480,957	818	426,957	127	108,554	6,099	1,016,468
평균용량(%)	93.3(47.32%)		522.0(42.00%)		853.8(10.68%)		가중치 = 1.0946	

이 자료를 이용해 구간별 평균 용량과 %를 구한 후 REC 가중치[32]를 구하면, 1.0946이 된다. 전술한 2011년 이후 계약한 전체 물량에 대한 평균 가중치 역시 1.107이므로 유사한 결과다. 두 값의 평균치인 1.1008과 전술한 국가통계포털의 태양광 평균 REC 가중치 1.31을 평균한 값을 사용해 계약 발전 용량(kW)에 대한 가중치 값으로 사용하고자 한다. 따라서 최종 REC 평균 가중치는 1.2054이다.

---

32) 평균 REC 가중치 = {(1.2×47.32%)+(1.0×42.00%)+(1.0×10.68%)}/100

즉, 계약 용량(kW)에 대한 연간 발전량은 "연간 발전량(kWh)= 계약용량(kW)×3.6(일조 시간 평균)×365일×1.2054"로 계산하게 된다.

▶ **장기계약을 통해 의무 공급사가 매입한 물량**

연도별 계약 용량(kW)을 바탕으로 매년 의무 공급사가 구매해야 하는 REC 양을 추산할 수 있다. 우선 '판매사업자선정 제도'와 '고정가격경쟁입찰 제도'를 통해 장기고정계약한 물량을 살펴보자.

년도 별로 계약 건수와 계약 용량(kW)을 정리하고, REC 생산량을 식을 이용해 계산한 후, 이를 누적하면 2022년까지 계약에 의한 REC 사용량을 추산할 수 있다. 단, 2020~2022년까지 고정가격경쟁입찰 제도를 통해 매년 500MW씩 구매한다고 가정했다.

지금까지 장기계약을 통해 17,093건, 3,198MW가 계약되었다. 계약 용량을 통해 연간 생산하는 REC의 양은 지속적으로 증가해, 2019년에 누적 기준 5,065천 REC다. 2022년에는 연간 7,441천 REC를 계약 물량으로 확보할 수 있다는 의미다. 이는 2022년 발전사의 예상 의무 공급량 42,638,097REC의 17.45%에 해당한다.

| 표 | 지금까지 장기계약을 통해 발전 자회사가 계약한 건수, 용량(MW), REC(1,000REC) 예측

구분	~2012	2013	2014	2015	2016	2017	2018	2019	2020	2021	2022
개소	946	586	843	2,259	2,502	2,341	3,241	4,375	-	-	-
누적 개소	946	1,532	2,375	4,634	7,136	9,477	12,718	17,093	-	-	-
용량	164	162	162	343	411	502	602	852	500	500	500
누적용량	164	326	488	831	1,242	1,744	2,346	3,198	3,698	4,197	4,678
REC 생산량	260	257	257	543	651	795	954	1,349	792	792	792
누적 REC	260	517	773	1,317	1,967	2,762	3,716	5,065	5,857	6,649	7,441
의무량 대비 %	4.0	5.6	6.7	10.6	13.0	16.2	16.9	18.8	18.7	18.1	17.5

▶ 현물 시장을 통해 2015~2019년까지 매입한 물량

전술한 바와 같이, 의무 공급사는 현물 시장을 통해 2015년부터 REC를 구입해오고 있다. 연도별로 구매한 REC 물량은 지속적으로 증가해 2019년 기준으로 약 700만 톤을 구입했으며, 지금까지 총 1,863만 톤의 REC를 매입했다. 의무 공급량 대비 현물 시장에서 매입한 REC의 비율을 보면, 2015년 5.91%에서 지속적으로 증가해, 2019년 기준으로 약 26.25%까지 증가한 것으로 나타났다.

| 표 | 현물 시장을 통한 REC 구입 현황

구분	2015	2016	2017	2018	2019	총계
REC 구입	731,114	2,430,910	2,464,750	5,923,629	7,077,237	18,627,640
의무 공급량 대비 %	5.9	16.1	14.5	26.9	26.3	
평균 가격(원/REC)	122,756		124,022	98,187	62,881	-

▶ 한국형 FIT 제도를 통해 매입한 물량

한국형 FIT 제도는 2018년 시작된 것으로, 30kW 미만 태양광 발전소나 농업·어업·축산인이 소유하고 있는 100kW 미만의 소형 태양광에 대해 발전 자회사 6개사가 조건 없이 구매해주는 제도다. 이 제도를 통해 2018년에 249,212REC가 계약되었으며, 2019년에는 1,001,050REC가 계약되었다. 전체 의무 공급량의 1.13%(2018년), 3.71%(1029년)에 해당하는 양이다.

| 표 | 한국형 FIT 제도를 통한 REC 구입 현황

구분	2018	2019	총계
REC 구입	249,212	1,001,050	1,250,262
의무 공급량 대비 %	1.13	3.71	
매입가격(원/kWh)	189,175	184,393	SMP+1REC

지금까지 살펴본 장기계약, 현물 시장, 그리고 한국형 FIT 제도를 통해 의무 공급사가 연간 매입한 총량은 2019년 말 기준으로 약 36,503,462REC로 추정된다. 연도별 사용량 및 누적량은 다음 표와 같다.

| 표 | 2012년 이후 2019년 말까지 발전 자회사가 매입한 누적 REC 양   (단위 : 1,000REC)

구분	~2012	2013	2014	2015	2016	2017	2018	2019	2020	2021	2022
장기계약	260	517	773	1,317	1,967	2,762	3,716	5,065	5,857	6,649	7,441
현물 시장	–	–	–	731	2,431	2,465	5,924	7,077	–	–	–
한국형 FIT	–	–	–	–	–	–	249	1,250	1,250	1,250	1,250
매년 매입량	260	517	773	2,048	4,398	5,227	9,888	13,392	7,107	7,899	8,691
누적 매입량	260	776	1,550	3,598	7,996	13,223	23,111	36,503	43,611	51,510	60,201

다음 그림에서 2020년 이후 매입 물량이 줄어든 이유는, 2020년 이후 의무 공급사가 현물 시장에서 구입한 물량이 고려되지 않았기 때문이다.

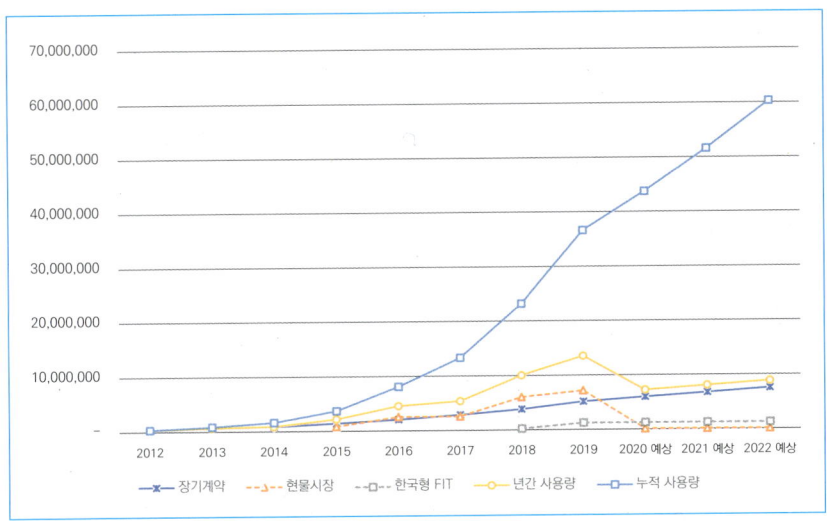

| 그림 | 연도별 의무 공급사 REC 구매 현황

연도별 의무 공급사의 매입 물량은 연도별 의무 공급사의 수요에서 제외해야 한다. 이는 이미 확보되었거나 현물 시장을 통해 확보한 양으로서, 더이상 시장에서 수요가 아니기 때문이다. 같은 논리로 REC 시장에 공급하는 REC 물량에서도 이미 계약된 물량은 제외해야 한다. 이미 계약된 물량은 태양광 사업자가 의무 공급사에 매년 의무적으로 공급하기로 계약했기 때문이다. 의무 공급량(수요)에서 계약이나 현물 시장에서 매입한 REC양을 제외한 보정된 수요량

이 실제 연도별 REC 수요가 되며, 다음 표와 같다. 주의할 점은, 수요량 추산 시 운영지침에 의거 의무 공급사가 20% 범위 내에서 3년간 이행을 연기할 수 있는 부분을 고려하지 않았기 때문에 실제 수요량과 차이가 발생할 수 있다는 점이다.

| 표 | 의무 공급사의 매입이 고려된 실REC 수요량 추산

(단위 : 1,000REC)

구분	~2012	2013	2014	2015	2016	2017	2018	2019	2020	2021	2022
의무 공급량	6,420	9,210	11,577	12,375	15,081	17,039	22,000	26,958	31,402	36,780	42,638
기계약 물량	260	517	773	2,048	4,398	5,227	9,888	13,392	7,107	7,899	8,691
실수요량	6,160	8,693	10,804	10,327	10,683	11,812	12,111	13,565	24,295	28,881	33,947
누적 수요량	6,160	14,854	25,657	35,984	46,667	58,480	70,591	84,156	108,451	137,332	171,279

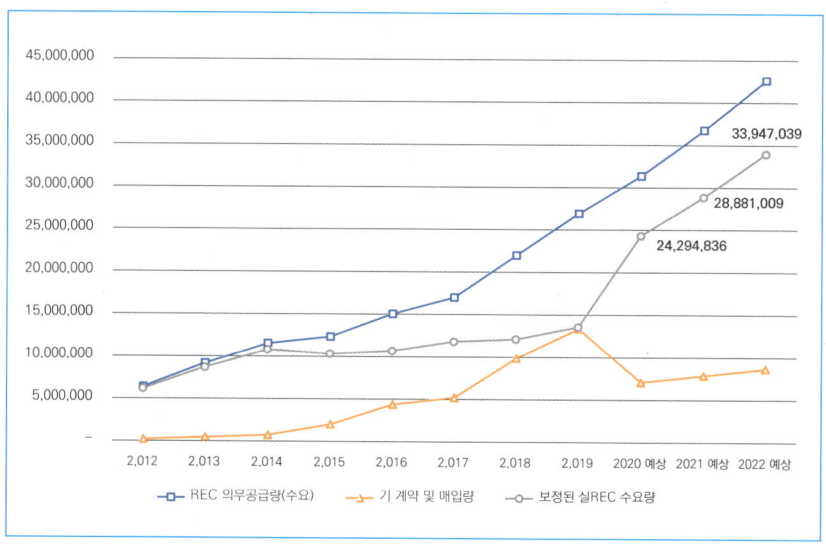

| 그림 | 연도별로 보정된 실제 REC 수요량 추산

공급량 분석

REC 공급량 분석

RPS 제도가 시행된 2012년 이후 REC 공급량은 국가통계포털에서 발표한 자료를 이용했다. 2019년까지의 REC 발행량과 추세선을 이용한 2020~2020년까지의 예측값은 전술한 Part 2, 02의 '재생에너지원별 REC 생산량'을 참고하라. 여기서 주의할 것은, 2014년까지 발행된 국가 REC 양은 고려에서 제외했으므로, 실제 시장에 공급된 REC 양은 더 많을 수 있다는 점이다. 연도별 REC 생산량 및 예측량은 다음 표와 같다.

| 표 | 연도별 REC 생산량 및 누적 REC 예측 자료

(단위 : 1,000REC)

구분	~2012	2013	2014	2015	2016	2017	2018	2019	2020	2021	2022
REC 생산량	1,646	4,180	8,339	12,140	14,599	20,108	25,863	35,027	41,198	48,914	57,204
누적 REC	1,646	5,827	14,165	26,305	40,905	61,013	86,876	121,903	163,101	212,015	269,219

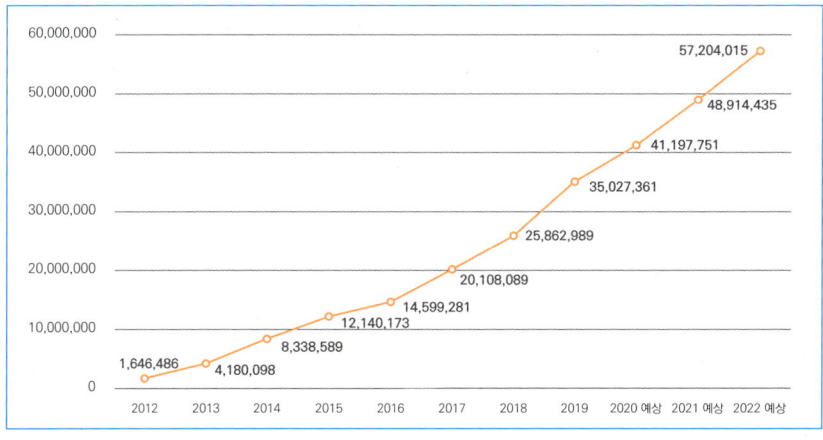

| 그림 | 2020년 이후 신·재생에너지에서 생산되는 REC 예측

수요량과 마찬가지로 공급량에서도 의무 공급사와 기계약된 물량을 제외해야만 실제 시장에 공급되는 REC양으로 볼 수 있다.

| 표 | 의무 공급사의 매입이 고려된 실REC 공급량 추산 (단위 : 1,000REC)

구분	2012	2013	2014	2015	2016	2017	2018	2019	2020	2021	2022
연간 생산량	1,646	4,180	8,339	12,140	14,599	20,108	25,863	35,027	41,198	48,914	57,204
기계약 물량	260	517	773	2,048	4,398	5,227	9,888	13,392	7,107	7,899	8,691
실공급량	1,387	3,663	7,565	10,092	10,201	14,881	15,975	21,635	34,091	41,015	48,513
누적 공급량	1,387	5,050	12,615	22,708	32,909	47,790	63,765	85,400	119,490	160,506	209,018

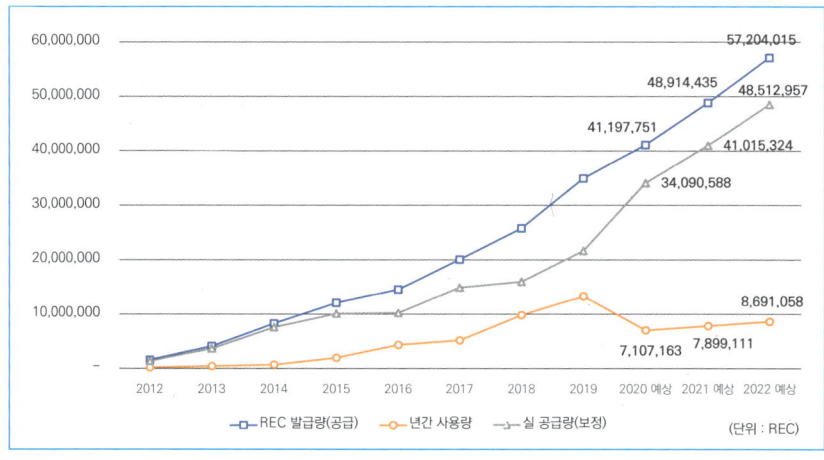

| 그림 | 연도별 보정된 실제 REC 생산량 추산

결국, 2020년까지 시장에 추가로 공급되는 REC의 양은 약 126,618,869REC로 추정된다. 이는 이미 2020~2022년까지 실수요량인 87,122,884REC의 1.45배에 해당하는 양이다.

🌐 수요·공급량 분석

📍 REC 수요·공급량 분석

　2022년까지에 대한 실수요량과 실공급량을 살펴보면, 향후 REC 가격을 예측할 수 있을 것이다. 2012년부터 2019년까지 실수요량은 연간 1,057,846REC만큼 증가하는 데 비해, 실공급량은 연간 2,892,577REC가 증가하는 것으로 나타나, 실공급량의 증가 비율이 실수요량에 비해 약 2.73배 큰 것으로 분석되었다. 이는 시간이 흐를수록 공급 과잉으로 이어지게 되고, 결국 REC 가격이 하락하게 된다.

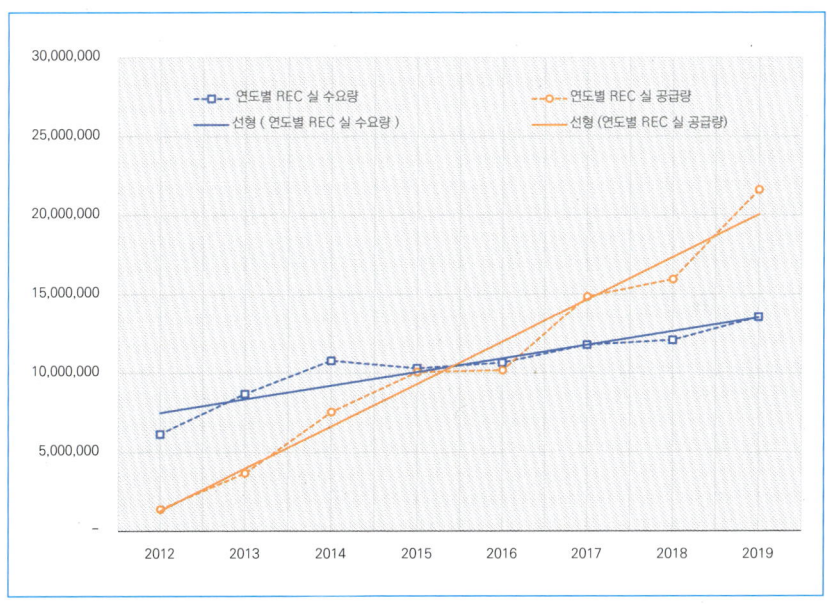

| 그림 | 연도별 수요, 공급량 변화율

연도별 실공급량, 실수요량, (실공급량-실수요량), 그리고 누적 (실공급량-실수요량)은 다음 표와 그림에 나타내었다. 연도별 (실공급량-실수요량)은 2017년 -에서 +로 바뀌었고, 이는 2017년에 이미 공급량이 수요량을 초과했음을 의미한다. 이후 지속적으로 공급량이 증가해, 2022년에는 연간 약 1,456만 톤의 공급 초과가 발생하고 있음을 알 수 있다.

| 표 | 2022년까지 실수요량 및 실공급량 예측 (단위 : 1,000REC)

구분	2012	2013	2014	2015	2016	2017	2018	2019	2020	2021	2022
실수요량	6,160	8,693	10,804	10,327	10,683	11,812	12,111	13,565	24,295	28,881	33,947
실공급량	1,387	3,663	7,565	10,092	10,201	14,881	15,975	21,635	34,091	41,015	48,513
공급-수요	-4,774	-5,030	-3,238	-235	-482	3,069	3,863	8,070	9,796	12,134	14,566
누적 공급-수요	-4,774	-9,803	-13,042	-13,277	-13,758	-10,689	-6,826	1,244	11,039	23,174	37,740

이를 다시, 연도별로 (실공급량-실수요량)과 누적 (실공급량-실수요량)의 변화를 살펴보면, 2017년부터 실공급량이 실수요량을 초과했다.

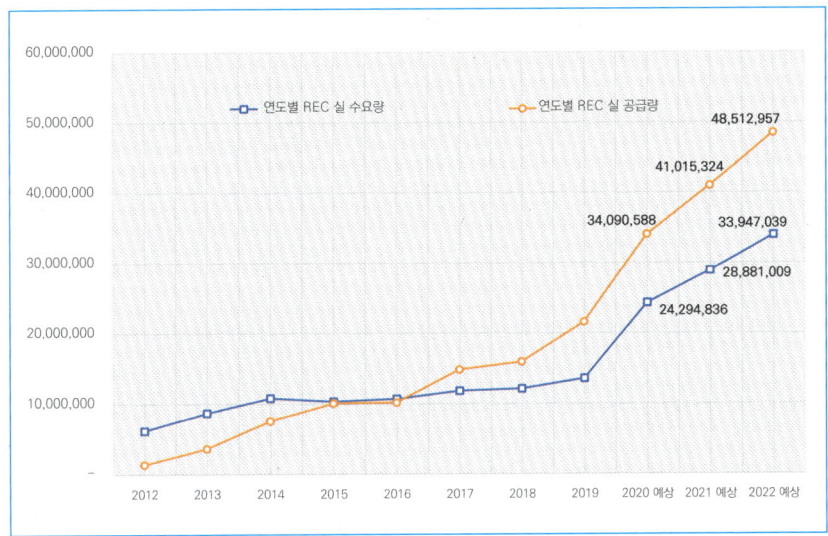

| 그림 | 연도별 실수요량 및 실공급량 변화

전체 시장에서 필요한 수요량과 공급량을 살펴보면, 2019년부터 (실공급량-실수요량) 누적치가 +값으로 바뀌었고, 이 값이 기하급수적으로 증가해 2022년에는 약 3,774만 톤 정도가 과잉 공급되는 것으로 나타났다. 이러한 상황하에서 REC의 가격 하락은 피할 수 없을 것으로 사료된다.

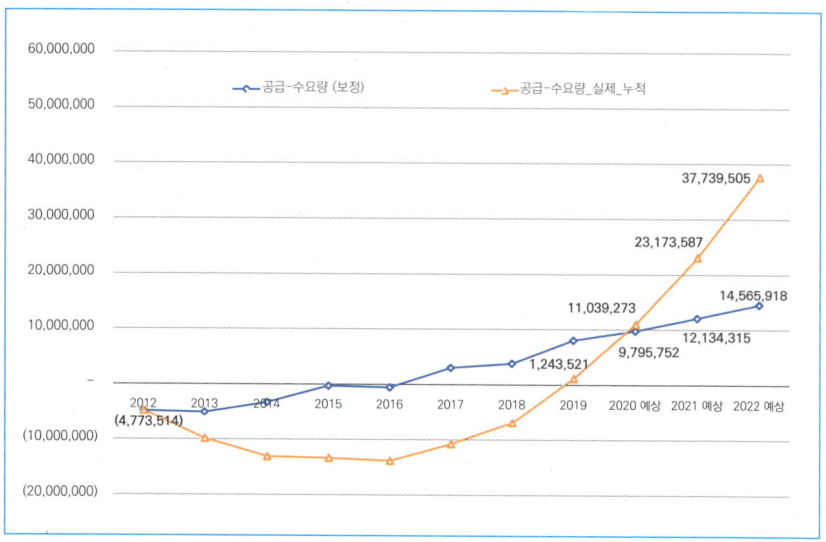

| 그림 | (실공급량-실수요량)의 연도별 및 누적 변화

수요·공급 관점에서 REC 가격 예측

수요·공급 관점에서 REC 가격 예측

지금까지 분석한 수요량과 공급량 자료를 이용해, 향후 REC 가격을 예측하고자 한다. 전술한 바와 같이, 수요량 추산 시 의무 공급사가 20% 범위 내에서 3년간 이행을 연기한 부분을 정확히 고려할 수 없어 실제 시장에서는 수요량이 추정 수요량보다 적을 수 있다. 또한, 공급량 추산 시 2014년까지 발행된 국가 REC 양은 고려에서 제외했으므로, 실제 시장에 공급된 REC 양은 추정 공급량보다 더 많을 수 있다는 점이다. REC 가격을 예측하기 위해 2017년 3월부터 시작된 현물 시장의 월별 REC 평균 가격, RPS 제도하에서 의무 공급사에 할당된 월별 실수요량, 실제 시장에서 예상되는 월별 실공급량, 그리고 실수요량과 실공급량으로부터 구할 수 있는 월별 누적 실수요량, 누적 실공급량, 누적(실공급량-실수요량) 자료로 재구성했다. 현실적인 분석을 위해 수요 부분에 '2020년 상반기 고정가격계약 경쟁입찰 공고' 물량 1.2GW를 포함시켰다. 여기에 추가로 2020년 하반기 500MW, 2021년과 2022년에 연간 800MW씩 고정가격계약 물량이 발생한다고 가정했다. 또한 2020~2022년까지 한국형 FIT 수요량을 연간 약 232MW(3,500개소×평균 66.3kW/개소)로 가정했다. 예측을 위해 재구축된 자료 목록 및 특징은 다음과 같다.

| 표 | REC 가격 예측을 위한 자료 구축

구분	내용	구축 기간
월별 REC 평균 가격	현물 시장에서 거래된 REC의 월 평균 가격	2017.03~2019.12
실공급량	예상되는 REC 발행량에서 이미 계약한 물량을 제외한 실공급량 - 월별 태양광 발전량을 고려한 공급량 - 매년 공급되는 양을 12로 나누어 준 공급량	2017.03~2022.12
실수요량	연도별 의무 공급량 중 의무 공급사가 기 계약한 물량을 제외한 월별 실수요량	
월별 누적 공급량	월별 공급량을 누적한 공급량	
월별 누적 수요량	월별 수요량을 누적한 수요량	
월별 누적(공급량-수요량)	월별 누적(공급량-수요량) 자료	

분석은 2017년 3월부터 2019년 12월까지 월별 총 34개 시계열 자료를 이용해, 인자별 상관관계 분석과 인자별 회귀식을 도출한 후, 이를 2020년 1월부터 2022년 12월까지 예측하는 방식으로 이루어졌다.

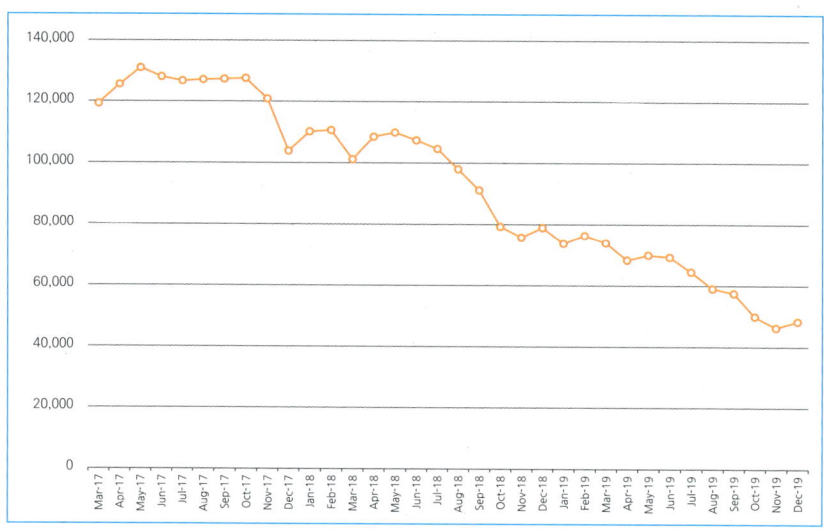

| 그림 | 2017년 3월부터 2019년 12월까지 월별 실거래 REC 평균 가격

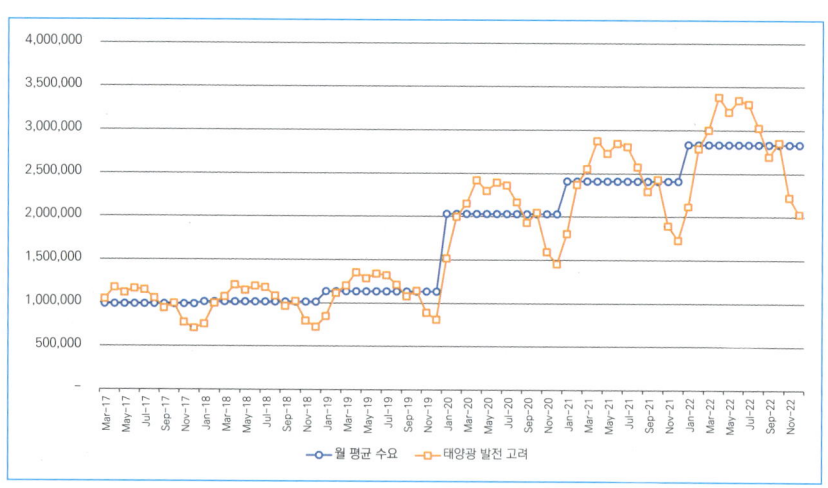

| 그림 | 2017년 3월부터 2022년 12월까지 월별 REC 수요량

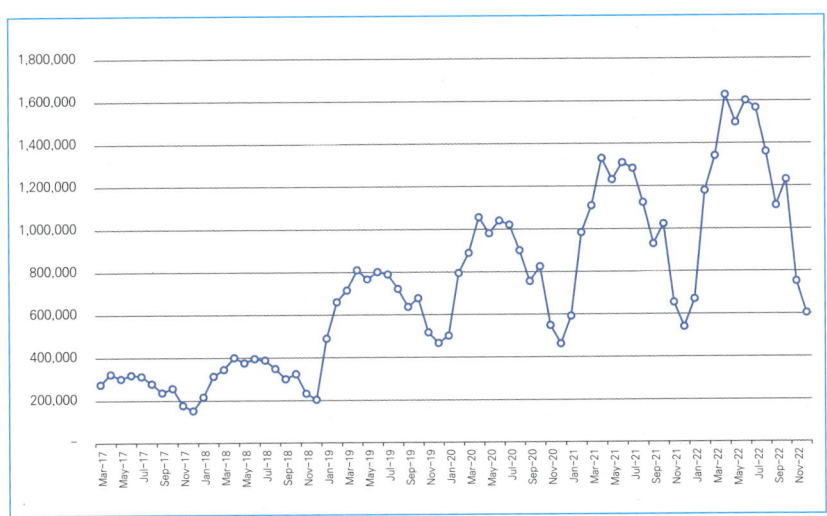

| 그림 | 2017년 3월부터 2022년 12월까지 월별(REC 공급량 - REC 수요량)

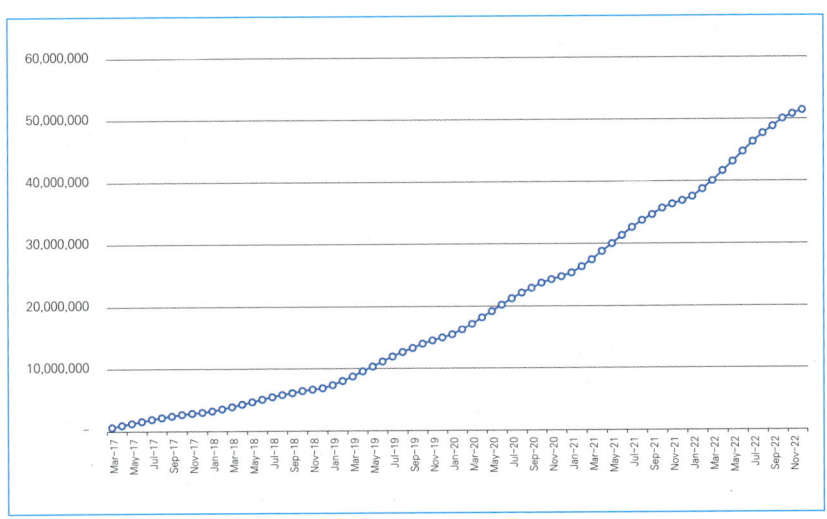

| 그림 | 2017년 3월부터 2022년 12월까지 월별 누적(REC 공급량 - REC 수요량)

분석에 사용된 S/W는 EViews 8.0이다. EViews 8.0은 강력한 통계, 예측 및 모델링 툴로 연구자, 기업, 정부기관 등에서 범용적으로 사용하는 상업용 소프트웨어다.

인자별 상관관계 분석 결과, REC 가격과 상관성이 0.96 이상인 인자로는, 누적 수요량, 누적 공급량, 그리고 누적(공급량-수요량)으로서, 음의 상관관계를 보였다. 이 중 공급량-수요량의 상관도는 떨어지는 반면 누적(공급량-수요량)의 상관계수가 높다는 것은, 결국 누적 공급량이 누적 수요량보다 클 때 REC 가격이 하락한다는 의미다.

| 표 | EViews 8.0을 이용한 인자간 상관관계 분석

구분	REC 가격	수요량	공급량	누적 수요량	누적 공급량	공급량 - 수요량	누적(공급량 -수요량)
REC 가격	1.000	-0.884	-0.765	-0.975	-0.974	-0.709	-0.961
수요량		1.000	0.944	0.893	0.899	0.904	0.902
공급량			1.000	0.796	0.803	0.994	0.809
누적 수요량				1.000	0.998	0.746	0.982
누적 공급량					1.000	0.753	0.991
공급량-수요량						1.000	0.761
누적 (공급량-수요량)							1.000

따라서 상관성이 높은 누적 수요량, 누적 공급량, 누적(공급량-수요량)을 바탕으로, 4가지 시나리오에 대해 각각의 회귀식을 구하고, 구한 회귀식을 2020~2022년까지 적용하는 방법으로 REC 가격을 예측했다.

| 표 | REC 가격 예측을 위한 시나리오

구분	시나리오 조건	비고
시나리오 1	REC 가격이 누적 수요량과 누적 공급량에 영향을 받는다는 가정	
시나리오 2	REC 가격이 (공급량-수요량)과 누적(공급량-수요량)에 영향을 받는다는 가정	
시나리오 3	REC 가격이 누적(공급량-수요량)에 영향을 받는다는 가정	
시나리오 4	시나리오 1과 조건 동일. 단 수요량이 월별 발전량과 동일하게 변한다는 가정	

| 그림 | 2017년 3월부터 2022년 12월까지 월별 REC 수요, 공급량 변화

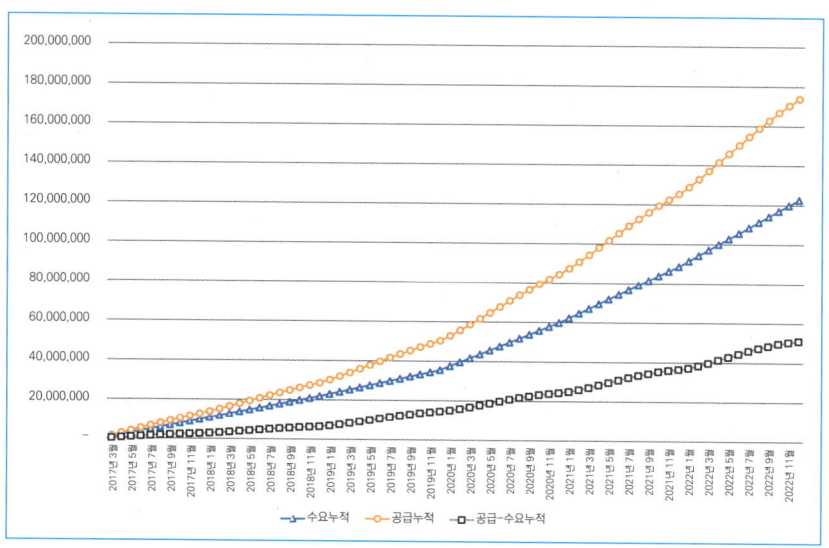

| 그림 | 2017년 3월~2022년 12월까지 월별 누적 수요, 누적 공급, 누적(공급량-수요량) 변화

시나리오별 REC 가격 예측 결과

▶ 시나리오 1 : REC 가격이 누적 수요량과 누적 공급량에 영향을 받는다는 가정

회귀분석 결과, R^2는 0.9501, 보정된 R^2는 0.9469로, REC 가격이 누적 수요량과 누적 공급량을 비교적 잘 반영하는 것으로 해석된다.

| 표 | 시나리오 1의 회귀분석 결과

Variable	Coefficient	Std. Error	t-Statistic	Prob.
C	137,503.8	2,649.601	51.89605	0
누적 공급량	−0.000677	0.001352	−0.50068	0.6201
누적 수요량	−0.001592	0.001905	−0.83594	0.4096
R-Squared	0.9501			
Adjusted R-Squared	0.9469			

　회귀분석 결과를 이용해 2017년 3월부터 2019년 12월 말까지 실제 REC 가격과 비교하면 예측 정확도가 높은 것을 확인할 수 있다. REC 가격 예측 결과 2020년 초에는 4만 원 초반을 유지하고, 2020년 10월 이후부터는 0원 이하로 떨어지는 것으로 예측되었다. 평균 가격은 2020년 18,505원, 2021년 −41,557원, 2022년 −112,085원으로 분석되었다. 그러나 실제로 REC 가격이 0원 이하에서는 거래가 이루어지지 않으므로 2021년과 2022년 예측값은 큰 의미가 없다. 이 결과는 이론적인 방법에 의한 REC 가격 예측 결과로서, 실제 REC 시장에서는 차이가 있을 수 있다. 따라서, 참고용으로 사용해야 하며, 이 결과를 바탕으로 REC 거래 시기를 조정해서 보게 되는 피해에 대한 책임이 없음을 밝혀둔다. 이하의 분석 역시 마찬가지다.

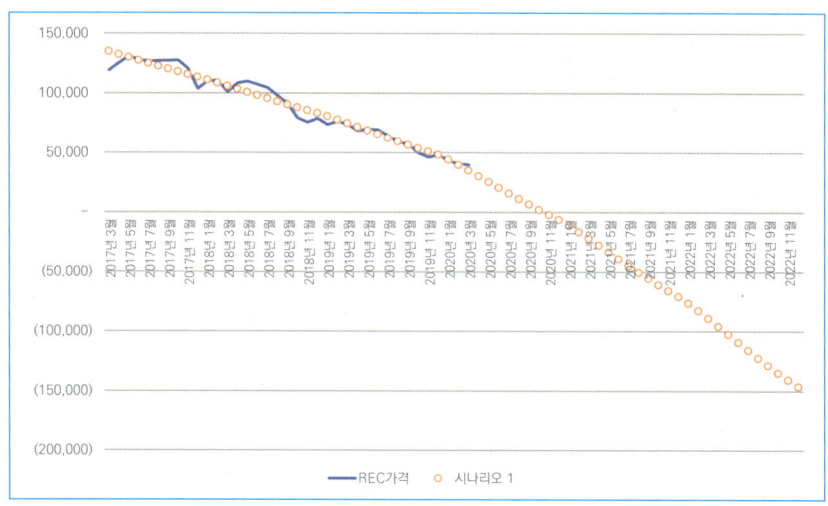

| 그림 | 시나리오 1에 의한 REC 가격 예측 결과

▶ 시나리오 2 : REC 가격이 REC 가격이 (공급량-수요량)과 누적(공급량-수요량)에 영향을 받는다는 가정

회귀분석 결과, R^2가 0.9248, 보정된 R^2가 0.9199로서 REC 가격이 누적 수요량과 누적 공급량을 비교적 잘 표현하는 것으로 해석되나, 시나리오 1에 비해 정확도가 상대적으로 떨어진다.

| 표 | 시나리오 2의 회귀분석 결과

Variable	Coefficient	Std. Error	t-Statistic	Prob.
C	128,410.2	3,130.873	41.01419	0
공급량 - 수요량	0.006999	0.010102	0.692866	0.4936
누적(공급량-수요량)	-0.006317	0.000479	-13.19379	0
R-Squared	0.9248			
Adjusted R-Squared	0.9199			

아래 그림은 회귀분석 결과를 이용해 2017년 3월부터 2019년 12월 말까지 실제 REC 가격과 예측된 REC 가격 값을 비교한 것이다. REC 가격 예측 결과, 2020년 초에는 4만 원대 초반을 유지하고, 2020년 8월 이후부터는 0원 이하로 떨어지는 것으로 예측되었다. 평균 가격은 2020년 18,836원, 2021년 -39,712원, 2022년 -110,918원으로 분석되었다.

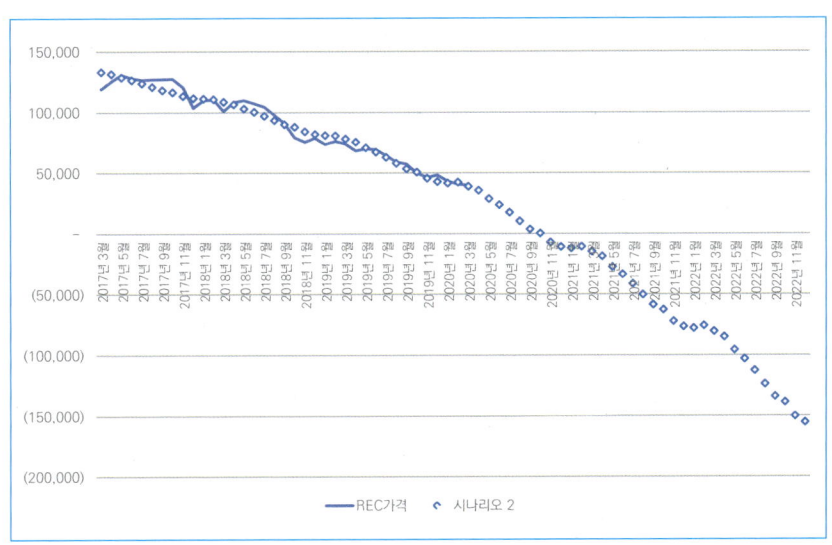

| 그림 | 시나리오 2에 의한 REC 가격 예측 결과

▶ 시나리오 3 : REC 가격이 누적(공급량-수요량)에 영향을 받는다는 가정

회귀분석 결과, R^2가 0.9236, 보정된 R^2가 0.9212로서, REC 가격이 누적 수요량과 누적 공급량을 비교적 잘 표현하는 것으로 해석되나, 시나리오 1, 2에 비해 정확도가 상대적으로 떨어진다.

| 표 | 시나리오 3의 회귀분석 결과

Variable	Coefficient	Std. Error	t-Statistic	Prob.
C	129,886.1	2,275.871	57.07093	0
누적 공급량	-0.006064	0.000308	-19.6733	0
누적 수요량	-0.006317	0.000479	-13.19379	0
R-Squared	0.9236			
Adjusted R-Squared	0.9212			

아래 그림은 회귀분석 결과를 이용해 2017년 3월부터 2019년 12월 말까지 실제 REC 가격과 예측된 REC 가격을 나타낸다. REC 가격 예측 결과 2020년 초에는 4만 원 초반을 유지하고, 시나리오 2와

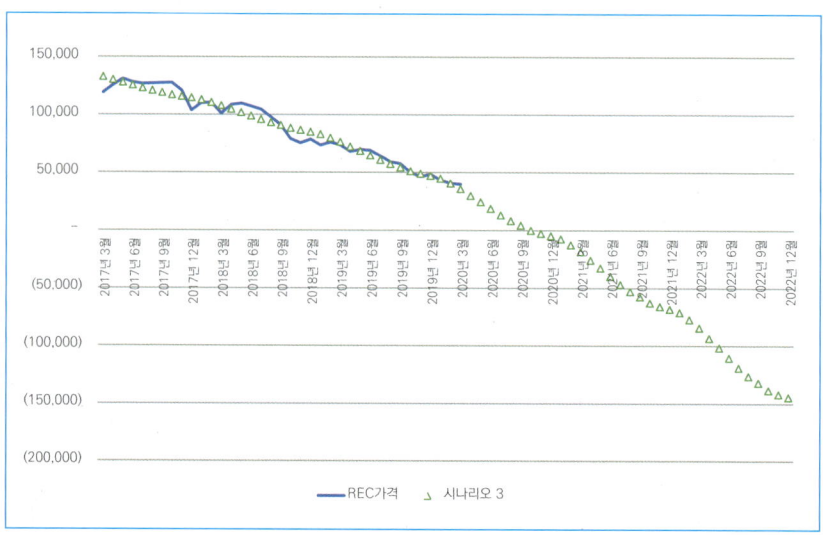

| 그림 | 시나리오 3에 의한 REC 가격 예측 결과

같이 2020년 8월 이후부터는 0원 이하로 떨어지는 것으로 예측되었다. 평균 가격은 2020년 17,672원, 2021년 -40,887원, 2022년 -110,680원으로 분석되었다.

▶ **시나리오 4 : 시나리오 1과 조건 동일. 단 수요량 역시 월별 발전량과 동일하게 변한다는 가정**

시나리오 4는 시나리오 1과 모든 조건이 동일하다. 시나리오 1과의 차이는 월별 수요량 값을 1년 수요량을 12로 나누어준 것이 아니라, 월별 평균 발전량 비율로 나누어준 것이다. 이 경우 연간 수요량은 동일하지만, 월별로 구분해 분배한 후 시뮬레이션한 경우다. 회귀분석 결과, R^2가 0.9494, 보정된 R^2가 0.9461로서, 시나리오 2, 3보다는 높은 것으로 나타났다.

| 표 | 시나리오 4의 회귀분석 결과

Variable	Coefficient	Std. Error	t-Statistic	Prob.
C	134926.4	3256.352	41.43482	0
누적 공급량	0.000955	0.002007	0.475974	0.6374
누적 수요량	-0.00249	0.001432	-1.73655	0.0924
R-Squared	0.9494			
Adjusted R-Squared	0.9461			

REC 가격 예측 결과, 2020년 초에는 4만 원대를 유지하고, 시나리오 2, 3과 같이 2020년 8월 이후부터는 0원 이하로 떨어지는 것으

로 예측되었다. 평균 가격은 2020년 12,527원, 2021년 -45,699원, 2022년 -116,833원으로 분석되었다.

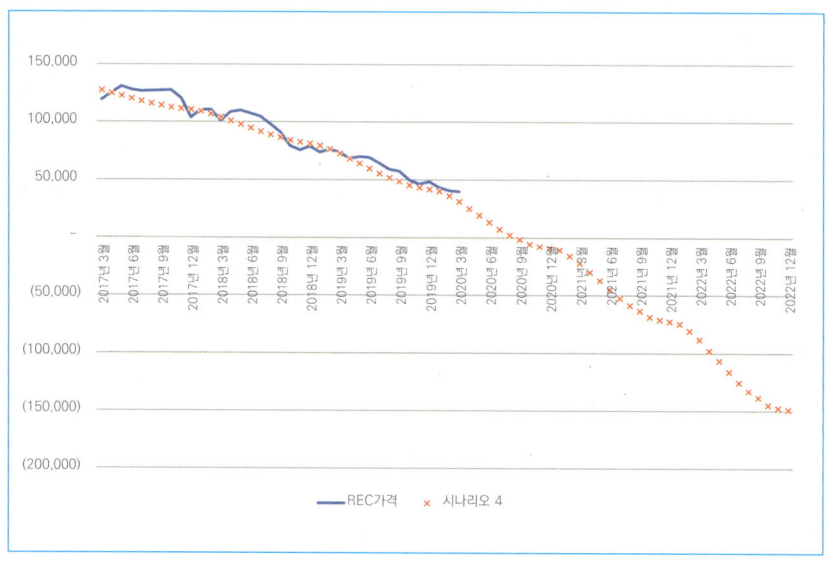

| 그림 | 시나리오 4에 의한 REC 가격 예측 결과

4개의 시나리오 결과를 종합하면, 2020년을 기준으로 시나리오 2 경우가 REC 가격 하락 폭이 가장 적었으며, 시나리오 1, 시나리오 3, 그리고 시나리오 4 순으로 나타났다. 분명한 것은 수요-공급 관점에서 분석할 경우, 2020년 가격이 2019년 대비 20~30% 수준으로 형성될 것이라는 점이다.

| 표 | 수요-공급 시나리오에 따른 REC 평균 가격 예측 결과 비교

구분	2020	2021	2022	비 고
시나리오 1	18,505	-41,557	-112,085	
시나리오 2	18,836	-39,712	-110,918	
시나리오 3	17,672	-40,887	-111,680	
시나리오 4	12,527	45,699	-116,833	
평 균	16,885	-41,964	-112,879	'19년 가격 대비 20년 가격이 27% 수준

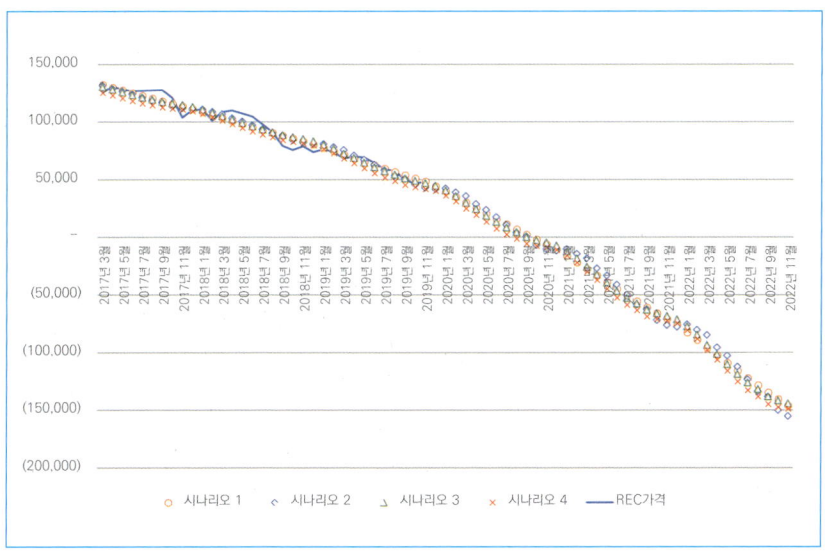

| 그림 | 4개의 시나리오별 2020~2022년 REC 가격 예측 결과

03
의무 공급량에 따른
REC 가격 예측

　Part 03의 02에서 살펴본 바와 같이, 2020년 이후 REC의 가격은 수요, 공급 관점에서 시장에 과잉 공급분으로 인해 하락이 불가피한 것으로 보인다. REC 가격은 수요와 공급에 의해 결정된다고 가정하면, REC 가격을 유지하거나 지금보다 높은 가격으로 시장이 형성되기 위해서는 공급량과 수요량을 조절해야 한다.

　전술한 바와 같이, 2019년에 이미 실제 수요량 대비 실제 공급량이 약 124만 톤이 초과한 것으로 나타나고 있으며, 2020년에는 1,104만 톤, 2021년에는 2,317만 톤, 그리고 2020년에는 3,740만 톤의 REC가 시장에 초과 공급되는 것으로 나타났다.

　의무 공급량을 2020년에 +1%, 2020년에 +2%, 그리고 2022년에

+3%를 증가시키면, 수요-공급 관점에서 REC 가격이 어떻게 변하는지 살펴보도록 하자.

| 표 | 의무 공급량 변경 시나리오 (단위 : 1,000REC)

구분	2020	2021	2022	비고
현행	7.0	8.0	9.0	
예상 의무 공급량	31,402	36,780	42,638	
변경	8.0	10.0	12.0	2020년 +1%, 2021년 +2%, 2022년 +3%
예상 의무 공급량	35,944	44,930	53,915	
증가량	+4,542	+8,150	+11,277	+23,969

시나리오 5는 시나리오 2와 동일한 조건이고, 의무 공급량만 변경한 경우이고, 시나리오 6은 시나리오 3과 동일한 조건에 의무 공급량만 변경한 후 시뮬레이션한 경우다.

분석 결과에 의하면, 3년 동안 수요량을 약 2,397만 톤 증가시켜도, 2020년 기준으로 평균 가격이 33,566원이 되어, 2019년 평균 가격(62,881원/REC)의 53.38% 수준이다. 이는 원안의 27% 수준에서 약 26.38% 상승에 기여한 것으로 판단된다. 결론적으로 수요 증가만으로는 REC 가격을 유지하는 데 어려움이 따른다는 의미다.

| 표 | 의무 공급량 변경에 따른 REC 평균 가격 예측 결과 비교

구분	2020	2021	2022	비고
시나리오 5	30,693	17,772	19,700	시나리오 2와 동일 조건
시나리오 6	36,439	27,434	31,728	시나리오 3과 동일 조건
평균	33,566	22,603	25,714	'19년 가격 대비 20년 53.38% 수준

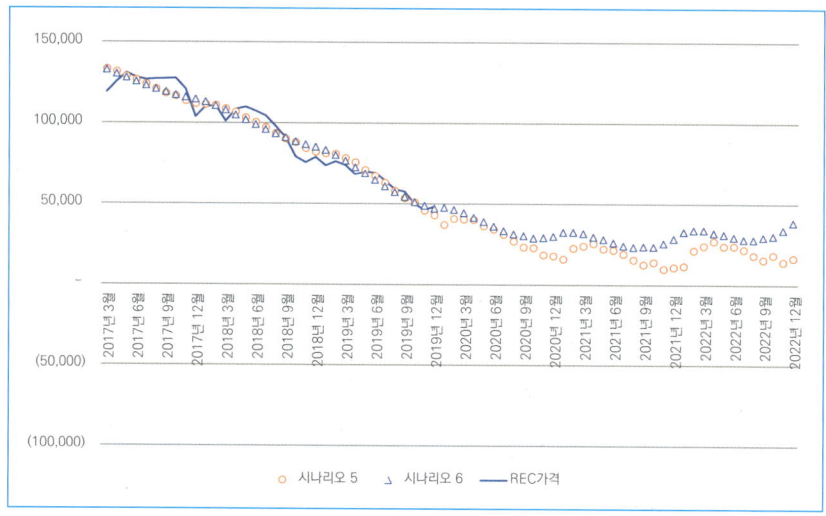

| 그림 | 의무 공급량은 2020년 +1%, 2021년 +2%, 2022년 +3% 증가 시 2020~2022년 REC 가격 예측 결과

그렇다면, REC 의무 공급량 증가와 함께 공급 측면에서 바이오에너지와 폐기물 부분의 REC가 75%만 시장에 공급된다고 가정하면 어떨지를 살펴보도록 하자.

| 표 | 의무 공급량 변경 및 바이오에너지(폐기물) 부문 75%만 REC 생산하는 시나리오

(단위 : 1,000REC)

구분	2020	2021	2022	비고
현행	7.0	8.0	9.0	
예상 의무 공급량	31,402	36,780	42,638	
변경	8.0	10.0	12.0	
예상 의무 공급량	35,944	44,930	53,915	
증가량	+4,542	+8,150	+11,277	+23,969

구분	2020	2021	2022	비고
기존 바이오/폐기물 REC 생산량	12,707,504	13,817,888	14,844,027	
변경된 바이오/폐기물 REC 생산량	9,530,628	10,363,416	11,133,020	75%
감소량	-3,176,876	-3,454,472	-3,711,007	

시나리오 7은 시나리오 2와 같은 조건이다. 2020년부터 2022년까지 의무 공급량이 증가하고, 바이오에너지와 폐기물로부터 발급되는 REC가 75%만큼만 발급된다고 가정한 경우다. 시나리오 8은 시나리오 3과 같은 조건에서 의무 공급량과 바이오에너지와 폐기물에서 기존 공급량 대비 75%만 공급된다는 가정이다.

분석 결과에 의하면, 3년 동안 수요량을 약 2,397만 톤 증가와 바이오에너지와 폐기물 부문에서 약 1,034만 톤을 감소시킬 경우, 2019년 기준인 62,881원과 유사한 REC 당 44,423~90,158원대에 시장을 유지할 수 있을 것으로 분석되었다.

| 표 | 의무 공급량 변경 + 바이오, 폐기물 부문 REC 25% 저감 시 REC 평균 가격 예측 결과 비교

구분	2020	2021	2022	비고
시나리오 7	39,137	52,297	82,466	시나리오 2와 동일 조건
시나리오 8	49,709	66,114	97,850	시나리오 3과 동일 조건
평균	44,423	59,205	90,158	'19년 가격 수준 유지

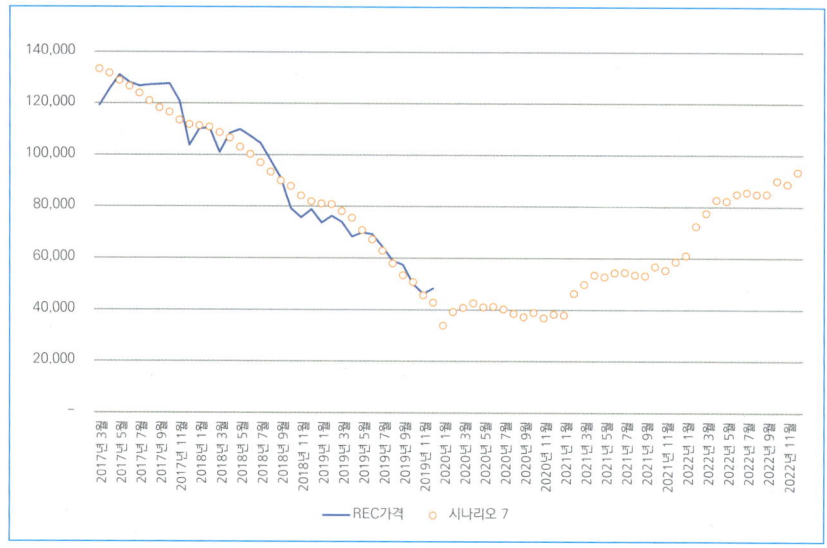

| 그림 | 의무 공급량 변경+바이오/폐기물 부문 REC 75% 발행 시 가격 예측 결과(시나리오 7)

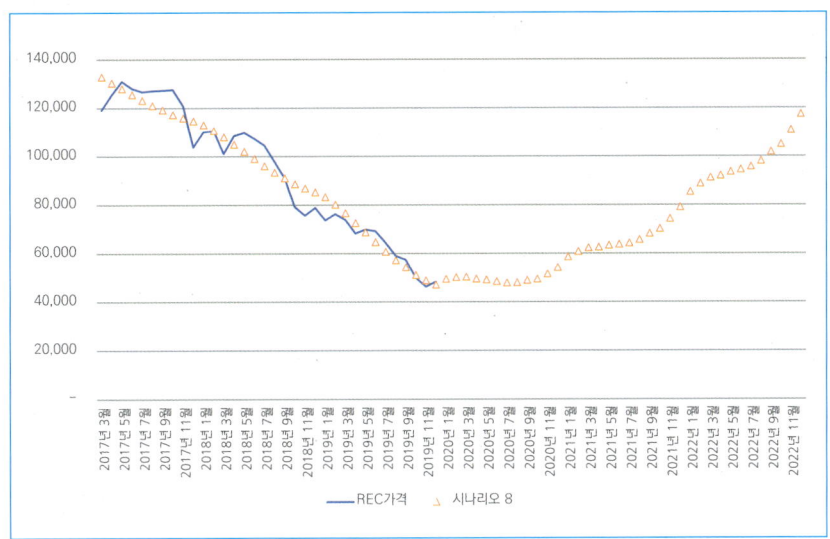

| 그림 | 의무 공급량 변경 + 바이오/폐기물 부문 REC 75% 발행 시 가격 예측 결과(시나리오 8)

04
REC 가격 예측 종합

 분석 결과를 종합하면, 향후 현물 시장에서 REC 가격은 절망적이다. 이를 해결하기 위해서는 파격적인 정책적 결정이 있어야 하는데, 현실적으로 쉽지 않은 상황이다. REC를 생산하는 업종 간 이해관계나 지금까지 RPS 제도를 위해 투자한 의무 공급사의 입장을 무시할 수 없는 상황이다. 이러한 이유로 정부는 RPS 제도하에서 생산된 REC를 RE100이나 다른 수요처를 찾고 있지만, 이 역시 시간과 정책적 뒷받침이 필요하기때문에 당분간 쉽지 않을 전망이다. 그렇다고 정부의 정책을 믿고 태양광 사업에 투자한 발전 사업자에게 시장 가격에 REC를 거래하라고 하는 것 역시 논리에 맞지 않는다. 정부 당국의 고민이 깊어지는 이유다.

 **종합**

2020년부터 2022년까지에 대한 REC 가격은 LCOE, 수요·공급 관점, 의무 공급량 증가, 그리고 의무 공급량 증가와 바이오에너지 및 폐기물부문의 REC 25% 발급 감소를 바탕으로 예측했다.

현재의 상태가 지속된다면, 2020년에 12,500~18,800원 수준에서 거래될 것으로 예상되며, 2021년 이후에는 거래가 어려워질 것으로 예상된다. 의무 공급량을 2020년 +1.0%, 2021년에 +2.0%, 2022년에 +3.0%를 증가시킨다고 하더라도 현재 상황에서는 2020년에만 3만 원대로 거래되고, 2021년 이후는 시장에 큰 영향을 주지 못하는 것으로 분석되었다. 결국, 의무 공급량을 증가시켜 수요를 늘리고,

| 표 | REC 가격 예측 요약

구분	2020	2021	2022	비고
LCOE	16,380	13,650	8,400	이창호, 2019
시나리오 1	18,505	-41,557	-112,085	누적 수요, 누적 공급량
시나리오 2	18,836	-39,712	-110,918	
시나리오 3	17,672	-40,887	-111,680	
시나리오 4	12,527	-45,699	-116,833	
시나리오 5	30,693	17,772	19,700	시나리오 2와 동일 조건
시나리오 6	36,439	27,434	31,728	시나리오 3과 동일 조건
시나리오 7	39,137	52,297	82,466	의무 공급량 +6% ↑, 바이오에너지/폐기물 25% ↓
시나리오 8	49,709	66,114	90,158	

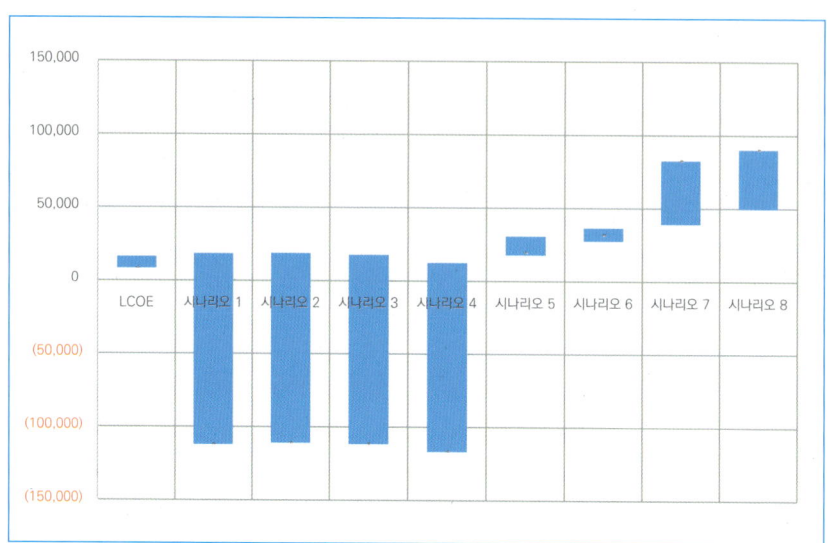

| 그림 | 2020~2022년까지 시나리오별 REC 가격 예측 결과

바이오에너지와 폐기물 부분에서 생산되는 REC 가중치를 조절해 공급을 줄이는 노력을 동시에 추진할 때만이 REC의 가격대를 5~9만 원대로 유지할 수 있는 것으로 분석되었다.

그러나 현실적으로 의무 공급량을 3년 동안 6% 올리는 것은 의무 공급사의 반발이 예상되고, 바이오에너지와 폐기물 부문의 REC 가중치를 조절해 발급하는 문제 역시, 이 부문에 사업성을 평가한 후 투자한 바이오에너지 업계의 반발이 예상되기 때문에 어려움이 예상된다.

RPS 제도가 현재는 2023년 이후 의무 공급량을 10%로 규정하고 있어, 2020~2022년까지는 RPS 제도에 대한 전반적인 재검토가 이루어질 것으로 보인다. RPS 제도에 참여하고 있는 의무 공급사의 입장에서는 RPS로 전기료 인상이 불가피하다는 점을 강조하겠지만, 정부의 입장에서는 재생에너지 3020을 실현하기 위한 도구로서 RPS를 활용하는 것이 전략이 될 수 있다. 다만 문제가 되는 것은 RPS 제도 이행을 위한 재원 확보. 정부는 이러한 현재의 상황들에 대해 공개적으로 국민들과 소통하고 이해를 구해야 이 문제를 해결할 수 있을 것으로 판단된다. 재생에너지 확대에 따른 전기료 인상이 불가피하다면, 합리적인 설명으로 국민들을 이해시키고, 그들이 적극적으로 참여할 수 있는 공간을 만들어줘야 할 것이다.

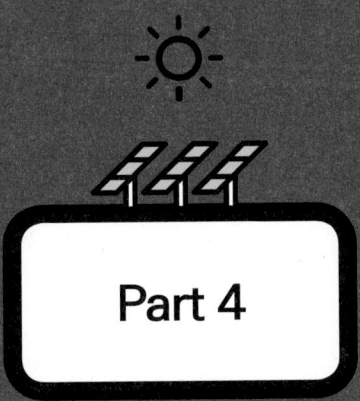

Part 4

RPS 제도 개선 방향

01
REC 가격 폭락으로 힘든 삶을 이어가는 A씨

태양광 발전 시장을 둘러싼 대내외 환경은 지난 2년동안 급변했다. 임야 가중치 0.7 하향 조정, 지자체의 이격거리 조례 강화, 계통연계 지연 등 불리한 조건에서도, 우리나라의 태양광 발전소 수는 지난 2년 동안 2배 이상 증가했다. 초기 일반부지 위주의 설치에서 건물 지붕 등으로 확장한 이유도 있지만, 2019년 말 기준으로 53,054개소의 발전소가 설치되었다는 것은 놀라운 일이다.

순항하는 듯 보였던 태양광 발전 사업에 어둠이 드리워진 것은 2018년 초부터 시작된 REC 가격 하락이다. 2018년 8월 2일 REC 가격이 10만 원대로 하락한 후, 2019년 1월 3일에는 75,000원, 2019년 7월 30일에는 6만 원대마저 붕괴되었다. 이후 2019년 10월 22일에는 5만 원대로, 2020년 2월 27일 기준으로 34,125원에 거래되고 있다. 불과 20개월 만에 3배 이상 가격이 폭락한 것이다.

REC 가격이 폭락하면서 가장 큰 피해를 보는 그룹은 중소규모 발전 사업자들이다. 100kW 미만의 소자본 발전 사업자는 대규모 자본을 투입해 대용량 발전소(1MW 이상)를 건설하는 사업자들보다 설비 투자 비용에서 kW당 약 9.8%의 투자비를 더 부담해야 한다. kW당 설비 투자비를 상대적으로 많이 부담한 100kW 미만의 소규모 발전 사업자들에게 REC 가격 폭락은 더 치명적이다. 여기에 은행대출 등을 통해 발전소를 건설했다면 이자 부담으로 재정적 위험에 노출될 수밖에 없는 구조가 된다.

REC 가격 폭락으로 힘든 삶을 이어가는 A씨의 사례

충남 논산에서 2017년 97.20kW 소규모 태양광 발전소를 분양받아 운영하고 있는 A씨의 사례가 대표적이다. REC 가격 폭락으로 소규모 태양광 발전 사업자들이 어떤 상황에 놓이게 되었는지를 살펴보고자 한다.

A씨는 30년째 공기업에 근무하고 있는 평범한 직장인이다. 퇴직을 5년 앞둔, 지난 2017년 초부터 안정적인 투자처를 찾고 있었다. 그러던 중, 직장 동료가 태양광 발전소에 투자했다는 이야기를 듣

게 되었다. 이에 A씨는 인터넷을 찾아보고, 시공사와 상담까지 하게 되었다. A씨는 정부의 신·재생에너지 정책이 확고하다고 생각했고, 또한 한전에서 전기를 사준다면 앞으로 20년 동안 안정적인 수익이 확보될 것이라는 판단하에 태양광 발전소에 투자를 결심하게 된다.

A씨는 2017년 6월 시공사와 토지 가격을 포함해, 총 2.4억 원에 97.2kW 태양광 발전소를 계약했다. 토지 가격을 제외한 2억 원 중 80%인 1억 6,000만 원은 B은행을 통해 이율 3.5%, 1년 거치 14년 원금균등상환조건으로 대출을 받았다. 그리고 나머지 8,000만 원은 저축해 두었던 적금을 해약해 충당했다.

이후 발전소가 준공되었고, 본격적으로 발전을 시작한 것은 2018년 1월이다. 지금까지 운영 기간은 2년이다. A씨의 발전소는 지난 2년 동안 총 263,875kWh의 전력을 생산했다. 발전소 용량이 97.2kW인 점을 고려하면, 일 평균 발전 시간은 3.72시간이다. 우리나라의 평균 일조 시간 3.6시간에 비해 약간 높은 발전량을 보였다. 그러나 실제 A씨가 지금까지 올린 수익은 2년 동안 약 3,600만 원에 불과했다. 물론 2018년 8월 이후 팔지 않고 보유하고 있는 179REC가 있기는 하지만, 이를 2019년 12월말 평균 가격인 REC 당 48,290원으로 현물 시장에 판매한다고 해도 약 866만 원의 수익이 추가될 뿐이다. 따라서 A씨가 태양광 발전을 통해 지난 2년 동안 얻을 수 있는 수익은 4,470만 원 정도다.

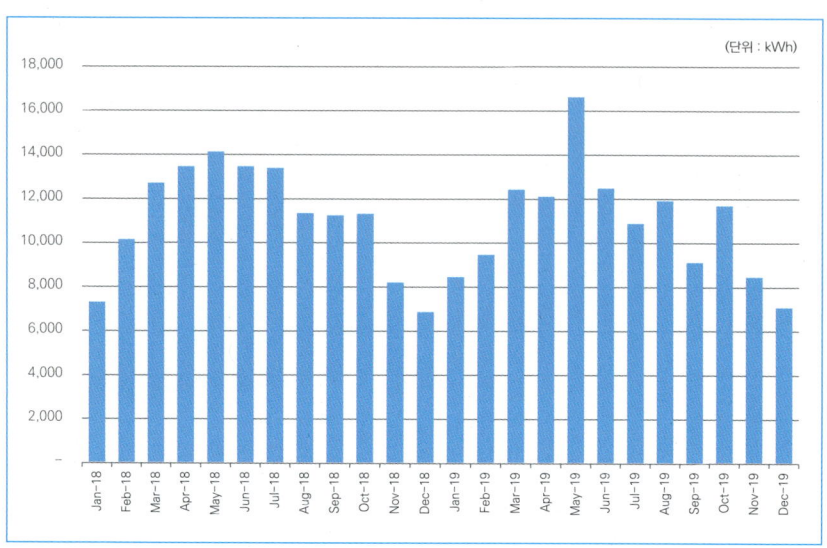

| 그림 | A씨의 발전소에서 생산한 월간 전력량

안타깝게도, 현재 A씨는 한국형 FIT 제도의 자격이 충족되지 않아 현물 시장에서 REC를 판매해야 한다. A씨는 2018년 8월부터 REC 가격이 10만 원 이하로 떨어지자, 2018년 8월부터 지금까지 REC를 판매하지 못하고 있다. REC 가격이 오르기를 기다린 지 벌써 1년 6개월째다. 가끔은 '미련을 버리고 팔았어야 했나?'라는 후회도 하지만, 지금은 거의 자포자기 수준이다.

물론 가정이기는 하지만, 2018년 1월부터 2019년 말까지 실제 발전한 월별 발전량을 바탕으로, A씨가 장기고정계약을 체결했을 경우와 현물 시장에서 REC를 판매했을 경우를 비교해보자.

지금까지 A씨의 수익은 2018년 상반기 고정가격계약 경쟁입찰 가격으로 환산했을 때보다는 약 700만 원의 손해가 발생하고, REC를 보유하고 있지 않고 현물 가격으로 판매했을 때보다는 약 536만 원 적은 수익이다. A씨는 현재 상황에서 한국형 FIT에 참여할 수도 없는 상황이라, 매번 선정되지 못하는 장기고정가격계약 경쟁입찰에 한 가닥 희망을 걸고 있는 상황이다.

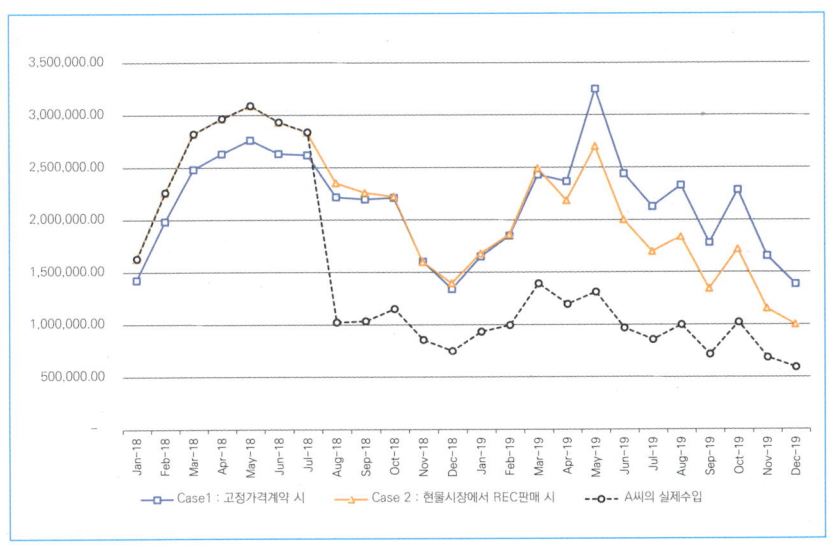

| 그림 | A씨의 Case 별 예상 수익 변화(실제 수익은 검정색 선. 179REC 미판매)

🌐 희망에서 절망으로 바뀌는 데 6개월이면 충분했다

A씨는 REC 가격 폭락의 직격탄을 맞은 것이다. A씨가 처음 발전 사업을 시작한 2018년 1월 이후 2년이 지난 지난해 말 REC 가격은 44% 수준으로 하락했다. 하락 폭이 점차 커지고 있다는 현실이 A씨와 같이, 장기계약을 하지 못한 많은 수의 발전 사업자를 어렵게 하고 있다. 실제로, 2018년 6월을 기점으로 현물 시장과 장기고정가격 계약의 REC 가격이 역전되었다. 문제는 엎치락뒤치락하는 수준이면 괜찮은데, 계속해서 하락하고 있다는 것이다. 2019년 12월을 기준으로 고정가격계약 대비 현물 시장에서 거래하는 발전 수익의 차이가 이미 67% 수준으로 하락한 상태다.

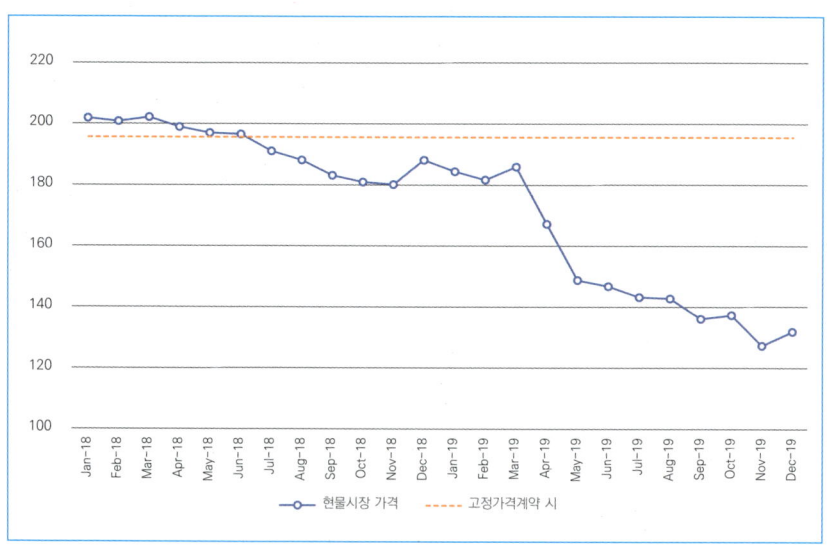

| 그림 | 지난 2년 동안 고정가격계약과 현물 시장의 REC 가격 변화

지금까지는 발전량을 기준으로 예상 수익만 살펴보았는데, 실제 운영 비용과 대출금 이자 등을 고려하면 더욱 절망적이다. A씨의 경우, 연간 운영 비용은 전기안전관리자 선임 비용과 보험 등을 포함해 약 100만 원 정도다. 여기에 2019년부터는 매년 대출에 따른 이자 비용 560만 원과 원금 약 1,143만 원을 갚아야 한다. 이는 월 기준으로 약 147만 원이나 된다. 결국, 2018년에는 월평균 50만 원 정도의 운영관리 비용이 소요되었지만, 2019년 들어서면서 원금, 이자 비용이 추가되면서 월평균 147만 원으로 3배 가까이 증가해, A씨의 현재 수익은 마이너스가 된 것이다. 따라서 2020년부터 상황이 변하지 않는 한, A씨는 매달 50만 원씩 적자를 감수해야 한다. 이제 퇴직이 2년 남았는데 태양광 발전소 투자로 직장에서 받는 월급으로 적자를 메우고 있어, 분통이 터질 뿐이다.

| 표 | A씨의 지난 2년간 발전소 운영에 수익, 지출, 실제 수입 요약

년월	발전량	수익	지출			A씨의 실제 수익
			운영비	이자	원금	
2018/01	7,280	1,630,300	83,333	466,667	0	1,080,300
2018/02	10,135	2,259,816	83,333	466,667	0	1,709,816
2018/03	12,687	2,821,984	83,333	466,667	0	2,271,984
2018/04	13,440	2,966,143	83,333	466,667	0	2,416,143
2018/05	14,106	3,089,763	83,333	466,667	0	2,539,763
2018/06	13,447	2,932,498	83,333	466,667	0	2,382,498
2018/07	13,379	2,836,997	83,333	466,667	0	2,286,997
2018/08	11,334	1,023,234	83,333	466,667	0	473,234
2018/09	11,230	1,034,732	83,333	466,667	0	484,732
2018/10	11,305	1,151,075	83,333	466,667	0	601,075
2018/11	8,183	855,860	83,333	466,667	0	305,860
2018/12	6,847	748,651	83,333	466,667	0	198,651
2019/01	8,430	933,875	83,333	433,333	952,381	−535,172
2019/02	9,439	995,815	83,333	433,333	952,381	−473,233
2019/03	12,416	1,391,834	83,333	433,333	952,381	−77,214
2019/04	12,091	1,196,163	83,333	433,333	952,381	−272,885
2019/05	16,599	1,311,155	83,333	433,333	952,381	−157,893
2019/06	12,467	968,312	83,333	433,333	952,381	−500,736
2019/07	10,865	857,249	83,333	433,333	952,381	−611,799
2019/08	11,898	998,599	83,333	433,333	952,381	−470,448
2019/09	9,100	716,443	83,333	433,333	952,381	−752,605
2019/10	11,675	1,021,212	83,333	433,333	952,381	−447,835
2019/11	8,451	685,630	83,333	433,333	952,381	−783,418
2019/12	7,071	591,984	83,333	433,333	952,381	−877,063
합계	263,875	35,019,322	2,000,000	10,800,000	11,428,571	10,790,751

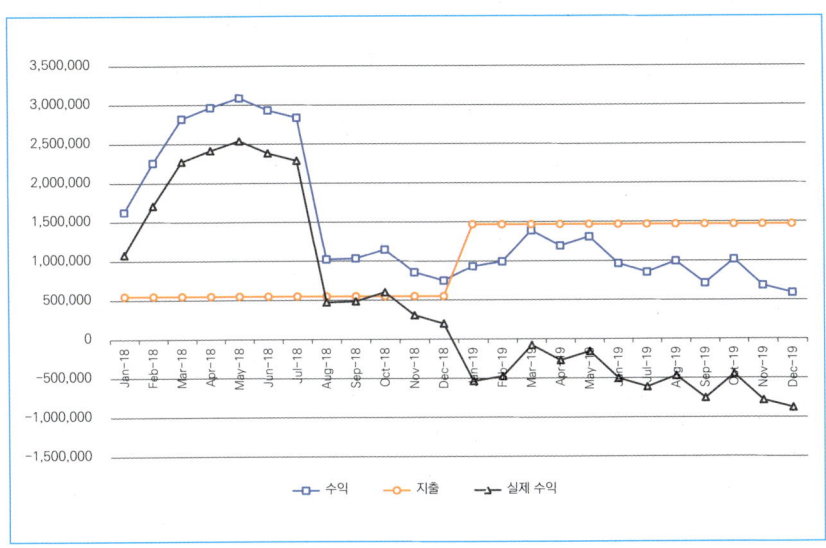

| 그림 | A씨의 지난 2년간 발전소 운영에 따른 수익, 지출, 실제 수익 현황

02
REC 가격 폭락으로 불안에 떨고 있는 발전 사업자의 수는?

🌐 장기계약 체결 발전 사업자 수 분석

2012년 이후 '고정가격계약경쟁입찰'과 '한국형 FIT'를 통해 의무 공급사와 장기계약을 체결한 발전 사업자 수를 분석하면, 장기계약을 체결하지 못해 불안에 떨고 있는 발전 사업자 수를 파악할 수 있다. 같은 의미로 2020년 이후 현물 시장에 참여해야 하는 발전 사업자 수와 용량을 알 수 있다.

이를 위해, 2012년 이후 2019년 말까지 우리나라에 설치된 연도별, 용량별 발전소의 수를 다시 한번 살펴보자. 전술한 바와 같이, 국가통계포털 자료에 의하면, 100kW 미만이 43,178개소(전체 발전소 수의 81.4%), 100kW~1MW가 9,110개소(17.2%), 그리고 1MW 이상이 766개소(1.4%)로, 우리나라에는 총 53,054개소의 태양광 발전소가 설치되었다. 용량 기준으로는 100kW 미만이 3,263MW(35.1%), 100kW~1MW가 4,122MW(44.4%), 그리고 1MW 이상이 1,902MW(20.5%)를 차지하고 있다.

| 표 | 2019년 말 기준 우리나라의 용량별 발전소 수 및 용량 추산

구분	100kW 미만	100kW~1MW	1MW 이상	합계
발전소 수	43,178	9,110	766	53,054
용량(MW)	3,264	4,122	1,902	9,287
발전소 수(%)	81.39%	17.17%	1.44%	100.00
용량(%)	35.14%	44.38%	20.48%	100.00%

용량별 장기계약 건수 추정

그렇다면, 개소 수 기준으로 용량별 장기계약 추진 현황을 살펴보자. 불행히도, 발전소 용량별로 장기고정가격계약 체결 건수를 제공하는 정보는 존재하지 않는다. 따라서 용량을 100kW 미만, 100kW~1MW, 1MW 이상으로, 3단계로 구분한 후 연도별로 계약 건수와 용량을 추산해야 한다.

우선 연도별, 용량별 태양광 발전소 설치 수 및 용량은 다음과 같으며, 이를 누적하면 2019년 말 기준으로 용량별 발전소의 수와 용량을 파악할 수 있다.

| 표 | 연도별·용량별 태양광 발전소 설치 현황(국가통계포털자료 재편집) (단위 : 개소, kW)

구분		~2012	2013	2014	2015	2016	2017	2018	2019
100Kw 미만	개소	1,450	1,616	4,964	6,334	3,301	4,174	7,048	14,291
	용량	75,977	94,086	351,803	517,799	278,554	348,962	588,304	1,008,115
100kW~ 1MW	개소	180	224	436	526	673	1,064	2,161	3,846
	용량	84,239	120,561	225,096	279,216	318,855	474,129	964,249	1,655,312
1MW 이상	개소	39	56	93	81	79	134	160	124
	용량	83,903	174,369	285,726	188,610	205,852	297,221	344,522	321,733

| 표 | 누적 연도별, 용량별 태양광 발전소 설치 현황 (단위 : 개소, kW)

구분		~2012	2013	2014	2015	2016	2017	2018	2019
100Kw 미만	개소	1,450	3,066	8,030	14,364	17,665	21,839	28,887	43,178
	용량	75,977	170,063	521,866	1,039,665	1,318,219	1,667,181	2,255,485	3,263,600
100kW~ 1MW	개소	180	404	840	1,366	2,039	3,103	5,264	9,110
	용량	84,239	204,800	429,896	709,112	1,027,967	1,502,096	2,466,345	4,121,657
1MW 이상	개소	39	95	188	269	348	482	642	766
	용량	83,903	258,272	543,998	732,608	938,460	1,235,681	1,580,203	1,901,936
합계	개소	0	3,565	9,058	15,999	20,052	25,424	34,793	53,054
	용량	0	633,135	1,495,760	2,481,385	3,284,646	4,404,958	6,302,033	9,287,193

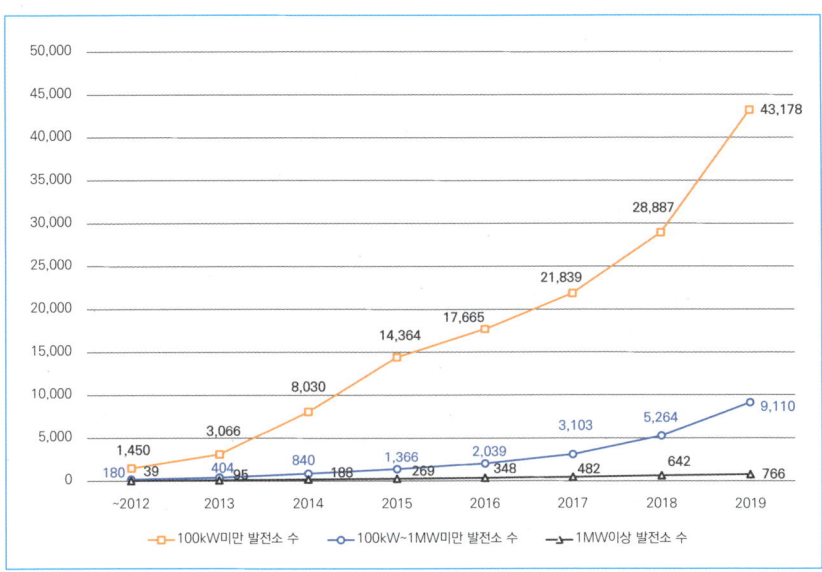

| 그림 | 연도별 누적 발전소 수 변화

    다음으로, 용량별 태양광 발전소 중 장기계약을 체결한 건수 및 용량을 추산하기 위해서는 장기계약 추진 자료가 필요하다. 특히 용량을 3단계(100kW 미만, 100kW~1MW 미만, 1MW 이상)로 구분해 장기계약을 추진한 경우는, 2018년 하반기, 2019년 상반기와 하반기 총 3회이기 때문에 이 자료를 바탕으로 연도별 용량별 계약 건수 및 계약 용량을 추산해야 한다. 추산 방법은 3회의 'RPS 고정가격계약 경쟁입찰 사업자 선정 결과'를 이용해 용량별로 계약 건수와 계약 용량의 비율을 구하고, 이를 2018년 상반기까지 계약한 내용에 적용하면, 지금까지 우리나라의 태양광 발전소에 대한 용량별 계약 건수와 계약 용량의 추산이 가능하다. 이러한 방법을 통해, 지금까지

계약되지 않은 발전소의 용량별 개소 수와 용량을 추산할 수 있다.

| 표 | 2018년 하반기 후 이미 계약한 건수 및 용량을 바탕으로 추산한 용량별 계약 건수 및 계약 용량

구분	100kW 미만		100kW~1MW		1MW 이상		합계	
	건수	용량	건수	용량	건수	용량	건수	용량
2018하반기	1,512	140,556	188	130,041	24	32,640	1,724	303,237
2019상반기	1,527	140,264	249	126,657	29	32,740	1,805	299,661
2019하반기	2,115	200,137	381	170,259	74	43,174	2,570	413,570
합계	5,154	480,957	818	426,957	127	108,554	6,099	1,769,775
추산 결과								
2018하반기(%)	87.70	46.35	10.90	42.88	1.39	10.76		
2019상반기(%)	84.60	46.81	13.80	42.27	1.61	10.93		
2019하반기(%)	82.30	48.39	14.82	41.17	2.88	10.44		
평균(%)	84.51	47.32	14.23	42.00	1.26	10.68		

분석 결과, 100kW 미만 계약 건수 및 계약 용량 비율은 각각 84.51%, 47.32%, 100kW~1MW 미만은 14.23%, 42.00%, 그리고 1MW 이상은 1.26%, 10.28%로 추정되었다. 이 비율을 2012년부터 2018년 상반기까지 계약한 '판매사업자선정 제도'와 '고정가격경쟁입찰 제도'에 적용하면, 지금까지 이루어진 용량별 계약 건수와 계약 용량을 추정할 수 있다. 여기에 2018년과 2019년 추진한 한국형 FIT를 통해 100kW 미만에 대한 계약 건수와 계약 용량을 더하게 되면, 지금까지 이루어진 용량별 계약 건수와 계약 용량을 추정할 수 있다.

이상과 같은 방법을 통해 추정한 연도별 계약 건수와 계약 용량, 그리고 이를 연도별로 누적한 결과는 다음과 같다. 발전소 수 기준으로 지금까지 총 53,054개소의 발전소 중 약 30,102개소의 발전소가 의무 공급사와 장기계약을 체결해, 전체 발전소의 약 56.7%가 장기계약을 체결한 것으로 추정된다. 용량 기준으로는 전체 9,287MW 중 3,696MW가 계약이 체결되어 약 39.8%가 장기계약을 체결했다. 물론 이 수치에는 의무 공급사가 보유한 발전소의 수나 용량은 고려되지 않았다.

| 표 | 연도별·용량별 태양광 발전소 장기계약 추산 (단위 : 개소, kW)

구분		~2012	2013	2014	2015	2016	2017	2018	2019
100Kw 미만	개소	799	495	712	1,909	2,114	1,997	5,012	14,522
	용량	77,561	76,796	76,701	162,326	194,391	179,524	418,193	975,263
100kW~ 1MW	개소	127	79	113	303	336	298	314	630
	용량	68,841	68,162	68,078	144,076	172,536	202,510	203,107	296,916
1MW 이상	개소	20	12	18	47	52	46	44	103
	용량	17,505	17,333	17,311	36,637	43,874	51,488	51,217	75,914
합계	개소	946	586	843	2,259	2,502	2,341	5,370	15,255
	용량	163,908	162,290	162,090	343,039	410,801	433,522	515,098	1,348,093

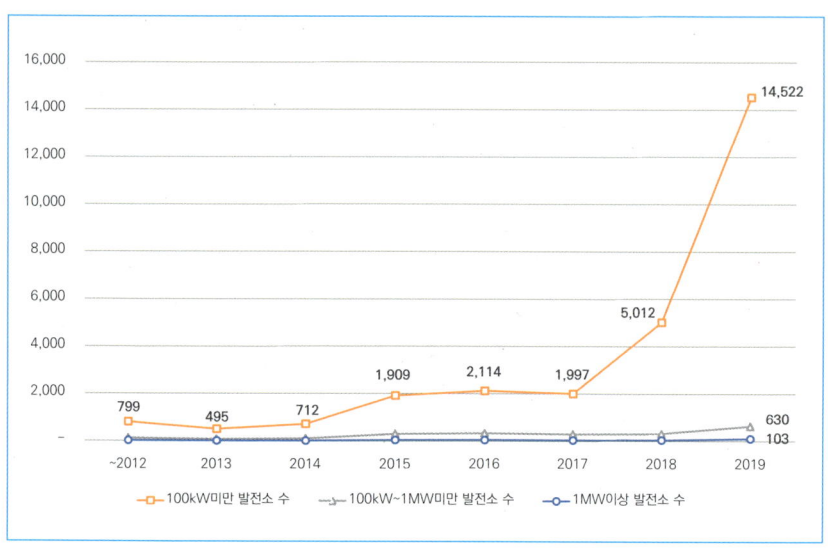

| 그림 | 연도별·용량별 계약 건수

| 표 | 누적 연도별·용량별 태양광 발전소 장기계약 건수 및 계약 용량 추산 (단위 : 개소, kW)

구분		~2012	2013	2014	2015	2016	2017	2018	2019
100Kw 미만	개소	799	1,295	2,007	3,916	6,031	8,028	13,040	27,562
	용량	77,561	154,357	231,058	393,384	587,775	767,299	1,185,492	2,160,755
100kW~1MW	개소	127	205	318	621	957	1,255	1,569	2,199
	용량	68,841	137,003	205,081	349,157	521,694	724,204	927,311	1,224,227
1MW 이상	개소	20	32	49	96	148	194	238	341
	용량	17,505	34,838	52,149	88,786	132,659	184,147	235,364	311,278
합계	개소	946	1,532	2,375	4,634	7,136	9,477	14,847	30,102
	용량	163,908	326,198	488,288	831,327	1,242,128	1,675,650	2,348,167	3,696,260

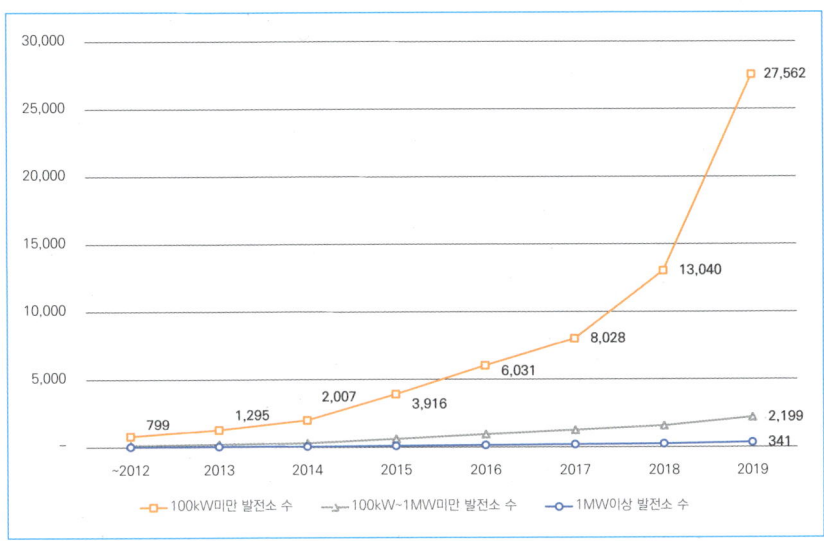

| 그림 | 연도별·용량별 누적 계약 건수

    용량별로 구분하면, 100kW 미만은 건수 기준으로 63.8%인 27,562개소의 태양광 발전소가 장기계약을 체결했고, 100kW~1MW 미만은 2,199개소(24.1%), 그리고 1MW 이상은 341개소(44.6%)가 장기계약을 체결한 것으로 추정된다. 100kW~1MW 미만의 발전소는 한국형 FIT에 신청할 수도 없고, 용량이 크지 않아 의무 공급사와의 계약을 체결한 비율이 낮은 것으로 판단된다. 따라서 100kW 미만도 문제지만, 100kW~1MW 미만에 대한 정책적 배려가 필요한 것으로 사료된다.

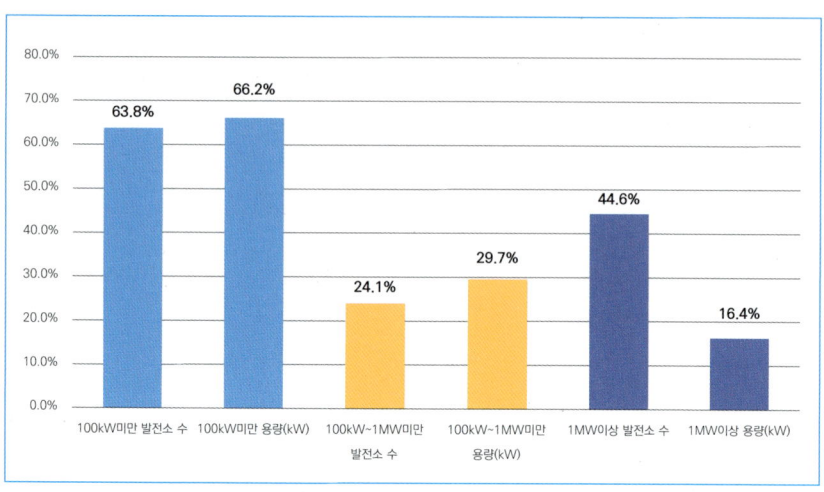

| 그림 | 2019년 말 기준 용량별 장기계약 건수(%) 및 용량(%)

📍 용량별 장기 미계약 건수 추정

지금까지 살펴본, 용량별 장기계약 건수에서 전체 발전소의 수와 용량을 제외하게 되면 결국 용량별로 장기계약이 미체결된 건수와 용량을 추산할 수 있다.

연도별 미계약 건수 및 용량과 누적 미계약 건수 및 누적 용량은 다음에 나타내었다. 2019년 말 기준으로, 100kW 미만 태양광 발전소 중 15,616개소의 발전소가 미계약 상태이고, 용량은 약 1,103MW 규모다. 100kW~1MW 미만은 6,911개소, 용량 2,897MW, 그리고 1MW 이상은 425개소 용량 1,591MW가 미계약 상태다. 따라서, 현물 시장에서 REC를 판매해야 하는 발전소의 수는 22,952개소, 용량은 5,591MW에 이른다는 이야기다. 이는 미계약 발전소로부터 발급되는, 연간 약 7,346,574REC가 현물 시장에 유입되어 판매해야 한다는 의미다.

| 표 | 연도별·용량별 태양광 발전소 장기 미계약 개소 수 및 용량 추정 (단위 : 개소, kW)

구분		~2012	2013	2014	2015	2016	2017	2018	2019
100Kw 미만	개소	651	1,121	4,252	4,425	1,187	2,177	2,036	-231
	용량	-1,584	17,290	275,102	355,473	84,163	169,438	170,111	32,852
100kW~ 1MW	개소	53	145	323	223	337	766	1,847	3,216
	용량	15,398	52,399	157,018	135,140	146,319	271,619	761,142	1,358,396
1MW 이상	개소	19	44	75	34	27	88	116	21
	용량	66,398	157,036	268,415	151,973	161,978	245,733	293,305	245,819
합계	개소	723	1,310	4,650	4,682	1,551	3,031	3,999	3,006
	용량	80,211	226,726	700,535	642,586	392,460	686,790	1,224,558	1,637,067

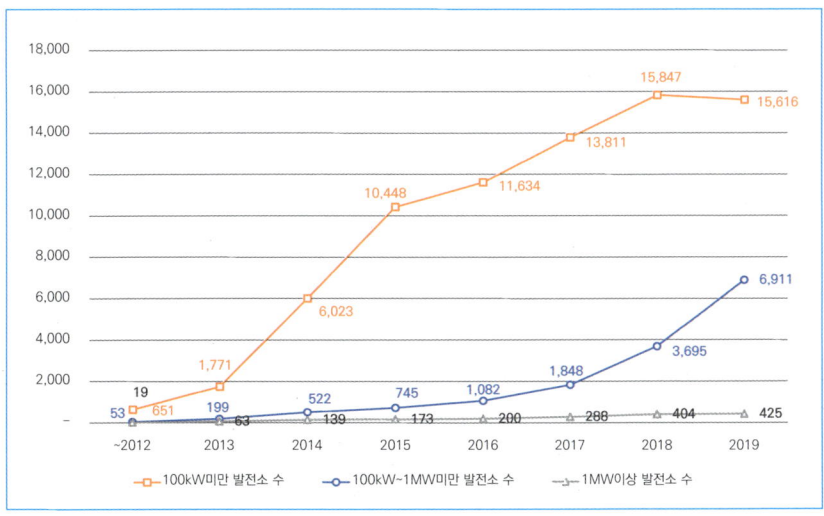

| 그림 | 연도별·용량별 누적 미계약 건수

| 표 | 누적 연도별, 용량별 태양광 발전소 장기 미계약 건수 및 용량 추정 (단위 : 개소, kW)

구분		~2012	2013	2014	2015	2016	2017	2018	2019
100Kw 미만	개소	651	1,771	6,023	10,448	11,634	13,811	15,847	15,616
	용량	-1,584	15,706	290,808	646,281	730,444	899,882	1,069,993	1,102,845
100kW~1MW	개소	53	199	522	745	1,082	1,848	3,695	6,911
	용량	15,398	67,797	224,815	359,955	506,273	777,892	1,539,034	2,897,430
1MW 이상	개소	19	63	139	173	200	288	404	425
	용량	66,398	223,434	491,849	643,822	805,801	1,051,534	1,344,839	1,590,658
합계	개소	723	2,033	6,683	11,365	12,916	15,947	19,946	22,952
	용량	80,211	306,937	1,007,472	1,650,058	2,042,518	2,729,308	3,953,866	5,590,933

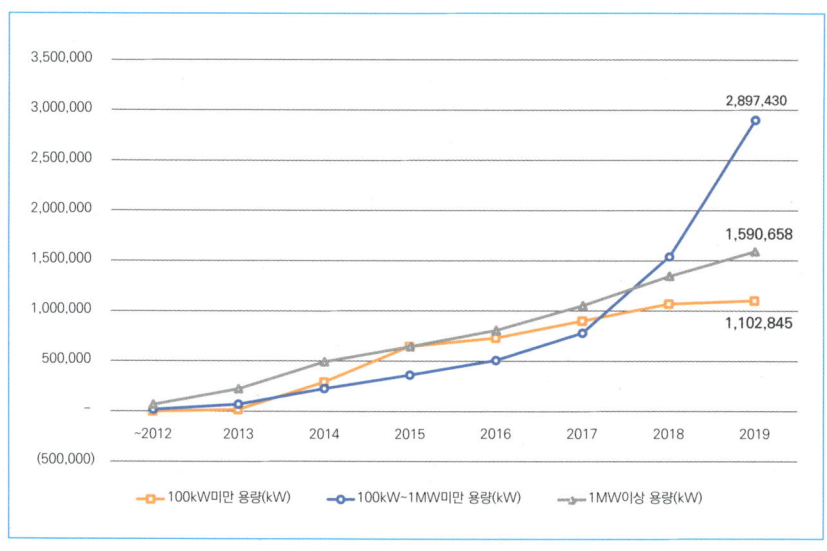

| 그림 | 연도별 용량별 누적 미계약 용량

미계약을 용량별로 구분하면, 100kW 미만은 건수 기준으로 36.2%인 15,616개소가 장기계약을 체결하지 않은 상태이고, 100kW~1MW 미만은 6,911개소가 계약을 미체결해 75.9%, 그리고 1MW 이상은 425개소인 55.4%가 장기계약을 체결하지 못한 것으로 추정된다. 물론 추정된 미계약 발전소에 대한 개소수 및 용량에는 의무 공급사가 발전 사업자와 자체입찰을 통해 계약한 물량이 포함된 것이다. 의무 공급사와 발전 사업자 간에 이루어진 계약을 제외한다고 하더라도 장기계약을 체결하지 않은 발전소 수와 용량에는 큰 차이가 없을 것으로 보인다.

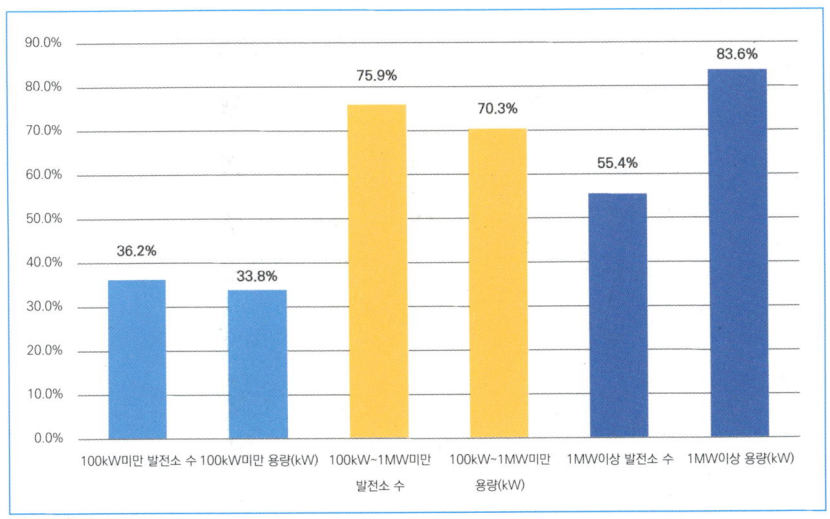

| 그림 | 2019년 말 기준 용량별 미계약 건수(%) 및 용량(%)

22,952개소의 발전소는 REC 현물 가격의 흐름만을 살펴보며, 현금 흐름의 압박 속에서 불안에 떨고 있다. 100kW 미만의 소규모 발

전 사업자도 문제지만, 100kW~1MW 규모의 중규모 발전 사업자 역시 어려움에 처해 있다. REC 가격 폭락에 대한 정부 정책 수립 시 이러한 부분까지 고려되어야 할 것이다.

지난 2020년 3월 31일 신·재생에너지센터는 '20년 상반기 고정가격계약 경쟁입찰 공고'를 발표했다. 전체 공고 용량은 1,200MW로써, 2019년 하반기에 500MW 이후 최대치다. 이 물량은 지금까지 장기계약이 체결되지 않은 약 22,952개의 발전소가 장기계약을 체결하는데 있어서 도움이 될 것으로 보인다.

2020년 상반기 공고물량 1,200MW와 2020년 하반기에 600MW가 추가로 고정가격계약 경쟁입찰을 통해 정부가 REC를 매입한다고 가정하면, 얼마나 많은 발전소가 혜택을 보는지 살펴보자. 물론 2020년 하반기 고정가격계약 경쟁입찰 물량은 미정이지만, 600MW가 추가해 2020년에 총 1,800MW의 고정가격계약을 체결한다고 가정했다. 이 경우, 얼마나 많은 발전소가 장기계약을 체결할 수 있고, 얼마나 많은 발전소는 이후에도 미계약 체결 상태가 될지 추정해보자.

2012년 이후 2019년까지 이루어진 계약 건수 및 용량 자료를 바탕으로 용량별(100kW 미만, 100kW~1MW 미만, 1MW 이상) 개소 당 평균 용량을 산출할 수 있다.

| 표 | 2012~2019년까지 계약 건수 및 용량 자료를 이용한 용량별 평균 용량 추산

구분	건수	용량(kW)	개소당 평균 용량(kW)
100kW 미만	27,562	2,160,755	78.4
100kW~1MW 미만	2,192	1,141,910	349.0
1MW 이상	349	393,595	1,128.7
합계	30,102	3,696,260	122.8

여기에 용량별 공고 용량을 고려하면, 2020년에 장기계약 체결이 가능한 용량별 발전소 수를 추산할 수 있다. 따라서, 기존 용량별 미계약 체결 발전소 수에서 2020년 계약 가능한 발전소 수를 제외하면, 2020년에 장기계약체결이 불가능해 현물 시장에 참여해야 하는 발전소의 개소 수를 추산할 수 있다. 그러나 이러한 과정을 통해 추산된 수치에는 2020년에 건설되는 발전소의 수가 포함되어 있지 않아, 실제로는 더 많은 발전소가 현물 시장에 참여해야 한다는 점을 고려해야 한다.

2020년에 1,800MW가 장기계약 시장의 물량으로 나온다고 가정하면, 약 13,000여 개의 발전소와 장기계약 체결이 가능하다. 2012년 이후 2019년 말까지 장기계약을 체결한 30,102개소와 2020년에 체결하는 12,928개소를 합하면, 43,030개소의 발전소가 장기계약을 체결하게 된다. 결국, 2019년 말 기준 전체 발전소 수 53,054개소의 약 80%가 장기계약을 체결하게 된다는 이야기다. 그러나 여기에는 2020년에 건설되는 발전소의 수가 반영되지 않았기 때문에 실제 미계약 발전소의 수는, 2020년 말에 최소 1만여 개에서 최대 약 2만 5,000여 개로 추산된다.

| 표 | 2012년~2020년까지 연도별 계약 건수 및 계약 용량 추정 (단위 : 개소, MW)

구분		~12	13	14	15	16	17	18	19	20
100kW 미만	개소	799	495	712	1,909	2,114	1,997	5,012	14,522	11,480
	용량	78	77	77	162	194	180	418	975	900
100kW~1MW 미만	개소	127	79	113	303	336	291	314	630	1,209
	용량	69	68	68	144	173	120	203	297	630
1MW 이상	개소	20	12	18	47	52	53	44	103	239
	용량	18	17	17	37	44	134	51	76	270
총 발전소 수		946	586	843	2,259	2,502	2,341	5,370	15,255	12,928
총발전소 수 누적		946	1,532	2,375	4,634	7,136	9,477	14,847	30,102	43,030
총 용량(MW)		164	162	162	343	411	434	673	1,348	1,800
총용량(MW) 누적		164	326	488	831	1,242	1,676	2,348	3,696	5,496

2019년 말 기준, 우리나라의 RPS 발전소 총 용량은 9,287MW이다. 2020년에 고정가격계약 물량을 1,800MW로 가정한다면, 2020년 말까지 장기계약 총 물량은 5,496MW다. 결국, 2020년까지 전체 RPS 발전소 용량의 약 60%만이 장기계약이 체결된 상태가 된다는 것이다. 여기에는 2020년 건설되는 발전소의 용량이 포함되지 않았다.

따라서, 2020년 상반기 장기계약 물량이 1,200MW로 시장에 긍정적인 시그널을 줄 수 있지만, 장기적으로 현물 시장을 안정화시키는 데는 한계가 있을 것으로 보인다.

03
REC 가격 폭락 원인

　REC 가격 폭락의 가장 큰 원인은 REC에 대한 수요와 공급 조절 실패다. 여기서 수요는 RPS 의무 공급사에 매년 부여되는 의무 공급량이고, 공급은 재생에너지로부터 생산되는 REC다. 의무 공급량은 2013년과 2016년을 제외하고, 매년 신·재생에너지를 제외한 전력생산량의 1%씩을 증가시켜 의무 공급사에 부과하는 양이다. 2020년 기준으로 의무 공급량은 7%다. 반면 RPS 시장에 공급되는 REC는 매년 기하급수적으로 증가해 수요량보다 증가 폭이 커지면서, REC의 수요, 공급 균형이 깨지게 된 것이다.

🌐 수요량 대비 공급량 증가 비율

　2012~2019년까지 순수 수요량과 공급량 증가율을 살펴보면,

REC 수요량 증가분 대비 공급량의 증가율이 1.63배가 크다는 것을 알 수 있다. 이로 인해, 시간이 지나면서 REC 공급량이 수요량을 초과하게 되어, 결국 수급 불균형으로 이어지게 된다. 2012~2022년까지, 전체 기간에 대한 REC 수요량 증가분 대비 공급량의 증가율 역시 1.53배로 2012~2019년까지의 값과 비교해 약간 감소하기는 하지만, 공급 우세장이 지속될것으로 예상된다.

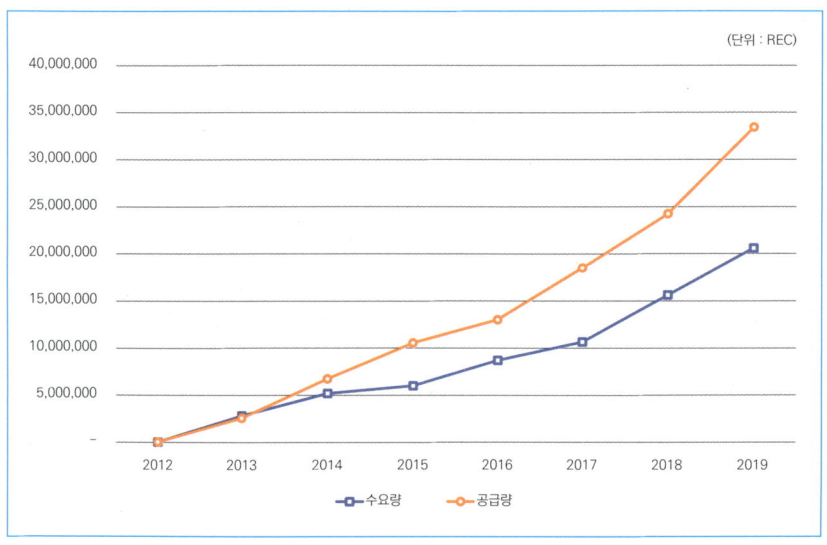

| 그림 | 2019년까지 REC 수요량 및 공급량 비교

이러한 상황에서, REC 가격 하락은 피할 수 없는 과정이다. REC 공급 우세장이 언제 시작될지가 문제였다. 그렇다면 언제부터 공급 우세장이 시작되었는지 살펴보자.

공급량이 수요량을 언제부터 초과했나?

연도별 REC의 수요량과 공급량을 단순 비교하면, 2016년 3월 이미 공급량이 수요량을 초과한 것으로 나타났다. 그러나 공급 초과가 시장에 반영되지 않은 것은, 의무 공급사가 할당량으로 받은 양 중 20% 한도 내에서 3년간 이행을 연기할 수 있는 제도가 있었기 때문으로 사료된다.

누적 공급량과 누적 수요량을 살펴보면, 순수 공급량이 수요량을 초과한 2016년 3월과 비교해, 약간 늦게 나타나기는 하지만, 이미 2018년 11월에 초과했다. 2018말에 공급 우세장이 시작되었다

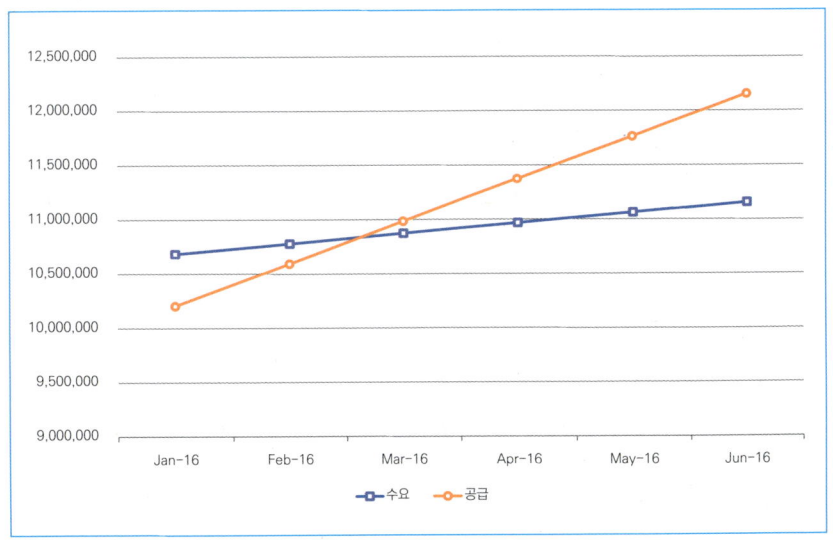

| 그림 | 순수 REC 공급량이 수요량을 앞지른 시기

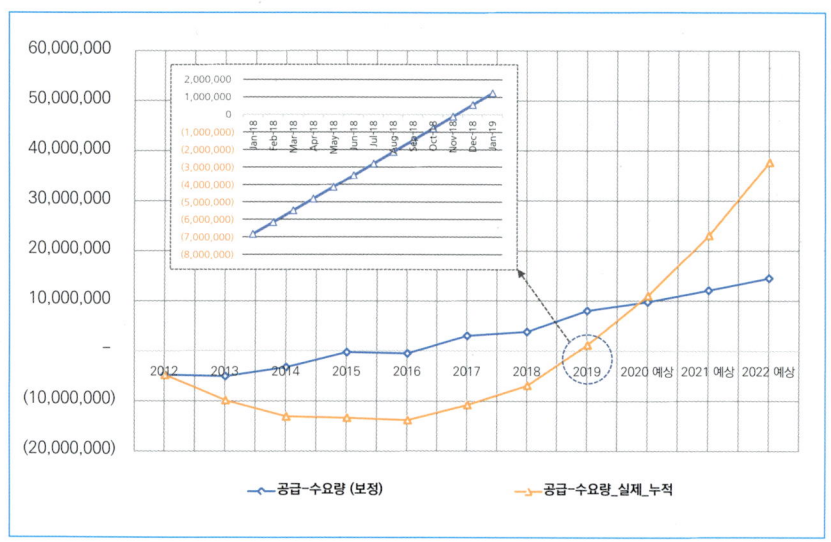

| 그림 | 누적 REC 공급량이 수요량을 앞지른 시기

는 의미다. 이 시기에 시장에서 REC 가격이 급락한 것은 우연의 일치일까? 2018년 10월 30일과 11월 1일 현물 시장에서 REC 가격은 전회(前回) 거래가 대비 2회 연속 -11.0%와 -11.39%가 하락했다.

🌐 매수주문 건수 대비 매도주문 건수의 비가 크면, REC 가격은 폭락한다

Part 2의 03에서 살펴본 바와 같이, 현물 거래 회차(回次) 간 REC 가격이 급격히 하락하는 경우는, 매도주문 건수와 매수주문 건수의 비가 클 때 발생하는 것으로 나타났다.

REC 가격 하락의 변곡점이었던 2017년 11월 28일이 그 예이다. 당시 가격 하락 폭은 약 -20% 정도였다. 참고로, 2019년 평균 매수주문 건수 대비 매도주문 건수는 약 20이고, 평균 매수주문 물량 대비 매도주문 물량의 기준은 2이다.

이러한 현상은, 전술한 누적 공급량이 누적 수요량을 초과한 2018년 10월 30일 즈음에도 나타난다. 2018년 10월 30일 매수주문 건수 대비 매도주문 건수의 비는 32로 평균값보다 1.5배 높게 나타났다. 이때 현물 시장에서 REC 가격은 전회(前回) 거래가 대비 -11.0%가 감소했다. 지금까지의 REC 거래 현황을 보면, 이렇게 한번 하락한 REC 가격은 특별한 상승 모멘텀이 없기 때문에, 이후에도 지속적으로 하락하는 특징을 보인다. 결국, REC 가격은 이러한 과정을 거치면서 계속해서 하락하게 되고, 태양광 설비 투자 하락률보다 크게 되면서, 태양광 발전 사업자의 수익률을 악화시키는 악순환으로 이어지게 된다.

04
RPS 제도 개선 방안

　RPS 제도 개선 방안의 핵심은 "RPS 시장에서 수요와 공급 불균형을 어떻게 해소할 것인가?"이다. 즉 REC 가격을 안정화시켜 지속적인 신·재생에너지원을 확대하기 위해서는 현재 상황에서 수요는 늘리고 공급을 줄이는 방향으로 제도를 개선해야 한다. 따라서, RPS 제도의 안정적인 운영을 위한 REC 수요 증가 방안, REC 공급 감소 방안, 그리고 이를 바탕으로 한 RPS 제도 개선 방안에 대해 살펴보자.

🌐 REC 수요 증가 방안

　RPS 제도는 기본적으로 신·재생에너지의 보급 확산을 목적으로 추진된 제도다. 신·재생에너지에 대한 국제적으로 통일된 정의는 없다. 국가별 부존 여건, 환경기준 등에 따라 특정 에너지원을 추가하거나 제외해 정의하고 있다. 국제에너지기구(IEA)는 자체 기준을 바탕으로 통계를 발표하고 있다. 이에 따라 IEA에서 발표하는 재생에너지 현황과 국내 통계 발표 자료 사이에 차이가 발생하게 된다. 여기서는 에너지생산량은 논외로 하고, 발전량 관점에서만 살펴보도록 한다. RPS 제도가 발전량의 일정 비율을 신·재생에너지원으로 공급해야 때문이다.

📍 국제 기준에 부합하는 신·재생에너지 정의 및 보급 목표가 필요하다

우리나라는 '신에너지 및 재생에너지 개발·이용·보급 촉진법' 제2조에서 신·재생에너지를 다음과 같이 정의하고 있다.

신에너지 및 재생에너지 개발·이용·보급 촉진법(약칭: 신·재생에너지법)

제2조(정의) 이 법에서 사용하는 용어의 뜻은 다음과 같다.
1. '신에너지'란 기존의 화석연료를 변환시켜 이용하거나 수소·산소 등의 화학반응을 통해 전기 또는 열을 이용하는 에너지로서, 다음 각 목의 어느 하나에 해당하는 것을 말한다.
   가. 수소에너지
   나. 연료전지
   다. 석탄을 액화·가스화한 에너지 및 중질잔사유(重質殘渣油)를 가스화한 에너지로서 대통령령으로 정하는 기준 및 범위에 해당하는 에너지
   라. 그 밖에 석유·석탄·원자력 또는 천연가스가 아닌 에너지로서 대통령령으로 정하는 에너지
2. '재생에너지'란 햇빛·물·지열(地熱)·강수(降水)·생물유기체 등을 포함하는 재생 가능한 에너지를 변환시켜 이용하는 에너지로서, 다음 각 목의 어느 하나에 해당하는 것을 말한다.

가. 태양에너지
나. 풍력
다. 수력
라. 해양에너지
마. 지열에너지
바. 생물자원을 변환시켜 이용하는 바이오에너지로서 대통령령으로 정하는 기준 및 범위에 해당하는 에너지
사. 폐기물에너지(비재생 폐기물로부터 생산된 것은 제외한다)로서 대통령령으로 정하는 기준 및 범위에 해당하는 에너지
아. 그 밖에 석유·석탄·원자력 또는 천연가스가 아닌 에너지로서 대통령령으로 정하는 에너지

따라서 우리나라는 신·재생에너지법을 바탕으로 신·재생에너지 보급통계를 작성하게 된다. 그러다 보니 국제 기준과 큰 차이가 발생하게 된다. 여기서 문제가 되는 부분이 재생에너지에 포함된 폐기물에너지다. 폐기물에너지에 대한 정의는 신·재생에너지법 제2조 2항 '사. 폐기물에너지(비재생 폐기물로부터 생산된 것은 제외한다)로서 대통령령으로 정하는 기준 및 범위에 해당하는 에너지'로 정의하고 있다. 이를 다시 자세히 보면, 폐기물에너지는

1) 폐기물을 변환시켜 얻어지는 기체, 액체 또는 고체의 연료
2) 1)의 연료를 연소 또는 변환시켜 얻어지는 에너지
3) 폐기물의 소각열을 변환시킨 에너지
  ※ 1)부터 3)까지의 에너지가 신·재생에너지가 아닌 석유제품 등과 혼합되는 경우에는 폐기물로부터 생산된 부분만을 폐기물에너지로 보고, 1)부터 3)까지의 에너지 중 비재생폐기물(석유, 석탄 등 화석연료에 기원한 화학섬유, 인조가죽, 비닐 등으로서 생물 기원이 아닌 폐기물을 말한다)로부터 생산된 것은 제외한다.

와 같이 정의하고 있다. 이에 따라 폐기물 소각 등을 통해 생산되는 에너지를 재생에너지로 구분하는 것이다. 폐기물에너지에는 폐가스, 산업폐기물, 생활폐기물, 시멘트킬른 보조연료, SRF, 정제연료유가 여기에 속한다.

기본적으로, 재생에너지(Renewable Energy)의 정의는 재생 가능한 자원, 즉 햇빛, 바람, 비, 파도, 지열과 같이 시간이 지남에 따라 자연적으로 보충되는 에너지를 말하며, 이들의 99.98%는 태양에너지를 기원으로 하고 있다. 우리나라는 신·재생에너지를 '석유, 석탄, 원자력 또는 천연가스 등 화석연료가 아닌 햇빛, 바람, 물 등 친환경, 비고갈성, 기술주도형 에너지'로 정의한다.

우리나라 재생에너지 정의의 '기술주도형'은 신에너지에 해당하므로, 재생에너지 관점에서 보면 일반적인 정의의 '자연적으로 보충되는 에너지'와 '친환경', '비고갈성'을 같은 개념으로 해석할 수 있다. 폐기물에너지가 친환경 때문에 또는 비고갈성이기 때문에 재생에너지에 포함됐는지 궁금하다. 물론, 위키피디아[33]에서는 "도시 고형폐기물은 대부분 생물학적 기원(유기성, 예를 들면, 종이, 판지, 나무, 의류, 음식물 쓰레기 등)이다. 일반적으로 도시 고형폐기물의 에너지 함량의 절반은 생물학적 물질에서 나온다. 따라서 이 에너지는 종종 재생에너지로 포함시키는 경우도있다"고 서술하기도 한다. 어쨌

---

33) https://en.wikipedia.org/wiki/Waste-to-energy

든, 재생에너지 정의를 기준으로 판단할 때, 폐기물이 재생에너지에 포함되는지에 대한 합리적인 고민이 필요하다.

우리나라 보급통계의 재생에너지 발전 비율과 IEA 발표 자료 사이에 4.37%의 차이가 있다

IEA의 발표 자료와 우리나라의 보급통계 자료 중, 재생에너지 발전 비율 자료는 2017년 자료가 가장 최신 자료다. 물론 2018년 자료가 있기는 하지만 잠정치이기 때문에 비교에서 제외했다. 2017년 기준으로, IEA 기준 우리나라 재생에너지 발전량 자료와 우리나라의 재생에너지 보급통계 자료를 비교하면 다음과 같다. 여기서 비재생폐기물 부분은 제외했으며, 우리나라의 2017년 총 발전량은 577,331GWh다.

| 표 | 2017년 IEA 기준과 우리나라 보급통계 자료의 발전량 비교

(단위 : GWh, %)

구분		IEA기준 발전량 및 비율[34]	보급통계 발전량 및 비율[35]
재생에너지	태양광	7,056(37.9%)	7,056(16.1%)
	풍력	2,169(11.6%)	2,169(4.9%)
	수력	2,820(15.1%)	2,820(6.4%)
	지열	-	-
	조력/파력/해양	489(2.6%)	489(1.1%)
	바이오	5,915(31.8%)	7,467(17.0%)
	도시폐기물(재생)	171(0.9%)	23,867(54.4%)
총계		18,620	43,868
재생에너지 발전량 비율(%)		3.23%	7.60%

신에너지를 제외한 우리나라의 보급통계 자료에서 재생에너지 발전량 비율은 7.60%이다. 신에너지를 포함할 경우, 신·재생에너지 발전량은 2017년 기준으로 8.1%이다. 재생에너지만 살펴보았을 경우, IEA 기준과 4.37% 차이가 난다.

이러한 차이가 발생하는 가장 큰 이유는, 바이오에너지와 도시폐기물(재생) 부분 때문이다. 바이오에너지는 약 79.2%가 IEA에 반영되었지만, 도시폐기물은 0.7%만 반영된 결과다. 이는 우리나라의 재생에너지 발전 비율이 국제 기준에 비추어 우리 스스로가 과대평가하고 있다는 사실 때문이다.

IEA에서 발표한 자료에 의하면, OECD 국가의 폐기물로부터 전기를 생산하는 비율은, 2018년 기준으로 전체 재생에너지 중 1.2%에 불과한 것으로 보고[36]하고 있다. 우리나라의 경우, IEA 통계 자료에는 0.9%이지만, 보급통계 자료에서는 54.4%로 비현실적으로 높음을 알 수 있다.

---

34) 2018년 신재생에너지 보급통계, 한국에너지공단, 2019년 발표
35) 2018년 신재생에너지 보급통계, 한국에너지공단, 2019년 발표
36) Renewables information; Overview, IEA, 2019, ix

📍 국제기준(IEA) 재생에너지 발전량 기준 적용 시 예상되는 REC 추가 수요량

2017년 RPS 제도하에서 의무 공급사에 할당된 의무비율은 4%였다. IEA 기준으로 3.23%이기 때문에 0.77% 차이가 난다. 그럼에도 불구하고, 보급통계에서는 재생에너지 발전 비율을 7.6%(신에너지를 포함할 경우 8.1%)로 발표하고 있다.

따라서 국제 기준에 부합하는 신·재생에너지 발전량을 RPS에 적용할 경우, 수요량을 증가시킬 수 있을 것으로 보인다. 단순히 2017년, 2018년 자료를 이용해 분석을 수행했다.

추산가정은 RPS 대상 총 발전량은 2019~2022년까지 2017년과 2018년 평균 발전량 자료를 적용했으며, 국제 기준 재생에너지 발전 비율과 보급통계 재생에너지 발전 비율은 2017년과 2018년의 증가 비율과 균등하게 매년 증가한다고 가정했다. 추가 수요 REC 양

| 표 | 2017년, 2018년 자료를 이용한 국제 기준 재생에너지 전력 생산량 비중 추산

구분	2017	2018	2019p	2020p	2021p	2022p
RPS 총 발전량(GWh)	449,296	448,599	448,948	448,773	448,860	448,817
RPS 목표	4.0	5.0	6.0	7.0	8.0	9.0
국제 기준 재생E 발전 비율(%)	3.23	3.49	3.75	4.01	4.27	4.53
보급통계 재생E 발전 비율(%)	8.1	8.8	9.5	10.2	10.9	11.6
추가 수요 REC량	3,459,579	6,773,845	10,101,319	13,418,320	16,742,492	20,062,112

은 RPS 목표량과 국제기준 재생에너지 발전 비율과의 차이에 총발전량을 곱해 계산했다.

분석 결과, 국제 기준을 적용해 RPS 의무 공급량을 부여한다면, 2022년까지 약 70,557,667REC의 추가 수요가 발생한다. 이는 2020년까지 예상되는 누적 공급량의 53.5%에 해당하는 양이다. 즉, 수요 우세장으로 전환이 가능하다는 이야기다.

📍 RPS 의무상한제 폐지 시

2019년 11월 더불어민주당 김성한 의원은 재생에너지법 일부 개정안을 발의했다. 주요 내용은 RPS 의무 공급량 상한을 폐지해야 한다는 것이다. 현재 RPS 의무 공급량을 총 전력 생산량의 10% 이내에서 대통령령으로 정하도록 하는 의무 공급량 상한 규정을 삭제하도록 하는 내용이다. 상한 규정을 삭제해 RPS 의무 공급량을 늘려 REC 수급을 원활하게 할 수 있도록 해야 한다는 내용으로, 즉 RPS 시장에서 수요를 늘려 REC 가격 하락 요인을 바로잡아야 한다는 것이다.

그러나 현재의 RPS 시장에서 2023~2020년까지 "재생에너지 3020 이행계획"에 의거 2030년까지 재생에너지 의무량 비율을 20%까지 늘린다고 하더라도, 시장에서 수요를 획기적으로 늘리는 데는 한계가 있을 것으로 보인다. 현재 RPS 제도하에서 연간 의무 공급량 증가율이 1.0%이다. 2023년 이후 2030년까지 20%로 의무 공급량을 늘려도 연간 1.375%에 불과해, 2022년까지 수요 대비 공급 비율인 1.45배보다 크지 않다. 따라서 RPS 시장에 주는 영향은 크지 않을 것으로 판단된다. 즉 김성한 의원이 발의한 RPS 의무상한제를 폐지한다고 하더라도, 정부의 재생에너지 3020 이행 계획에 맞추어 의무공급량을 늘려도 공급 우세장이 유지될 것으로 보인다.

🌐 REC 공급 감소 방안

다음으로, RPS 시장에서 REC 공급 감소 방안을 살펴보자. 2019년까지 기준으로, REC 공급 시장에서 태양광 다음으로 많은 REC를 공급하는 신·재생에너지원은 바이오에너지다. 2019년까지 전체 REC 공급량의 33.68%, 41,059,404REC가 바이오에너지에서 발급되었다.

전술한 바와 같이, 바이오에너지는 바이오가스, 매립지가스, 목재칩, 목재 펠렛, 폐목재, 하수슬러지 고형연료, Bio-SRF, 바이오 중유 등이 있다. 현재 연도별 바이오 에너지원별 REC 생산량에 대한 자료는 없다. 따라서 발전량 기준으로 바이오 에너지원별 REC 생산량을 추산해보자.

바이오에너지 중 발전량이 가장 많은 것은 목재 펠렛으로, 전체 발전량의 51.5%를 차지한다. 다음으로, 바이오 중유 18.1%, 그리고 Bio-SRF 15.5% 순이다. 여기서, 목질계 바이오매스인 목재 펠릿, 목재칩, 바이오 SRF, 폐목재는 바이오에너지 발전량의 약 69.2%를 차지한다.

바이오매스를 흔히 친환경 재생에너지라고 부른다. 그러나 연구에 의하면, 바이오매스는 제2의 석탄으로 불리 울 정도로 연소 과정에서 다량의 온실가스를 배출하는 것으로 보고하고 있다. 미국 천연자원보호위원회(NRDC)에 따르면, 바이오매스를 이용한 발전이 석탄발전소보다 오히려 초기 55년간은 온실가스 누적 배출량이 크다고 한다.

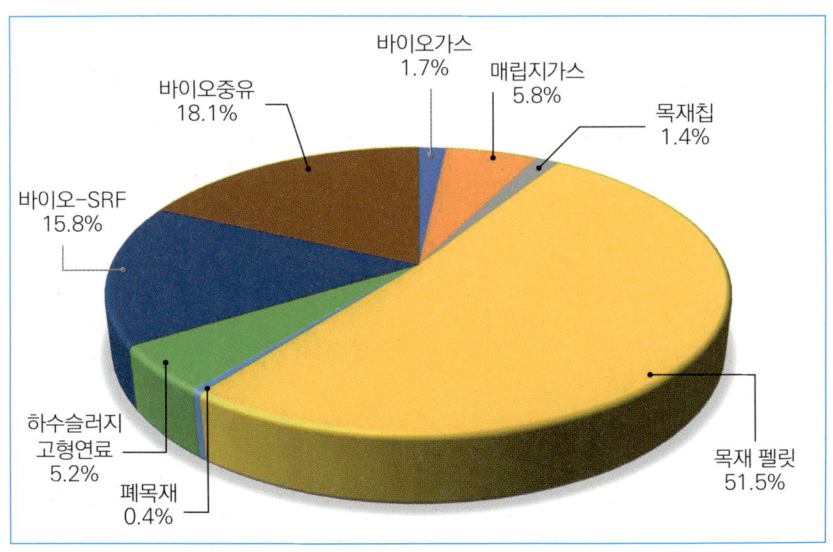

| 그림 | 바이오 에너지원별 발전량 비율

📍 우리나라 바이오매스 발전소 현황

2019년 말 기준으로, 우리나라에는 66개소 바이오매스 발전소가 운영중에 있으며, 총 설비 용량은 약 1,500MW이다.[37] 이 중 석탄과 바이오매스를 혼합해 연소하는 혼소 발전소의 설비 용량이 1,068MW로서 전체 바이오매스 발전소의 약 71.2%를 차지하고 있다. 2020년과 2021년 총 1,230MW 규모의 바이오매스 발전소가 신설될 예정이라고 한다.

| 표 | 2019년 말 기준 우리나라 바이오매스 발전소 현황

(단위 : MW)

회사명	전소(MW)	혼소(MW)	회사명	전소(MW)	혼소(MW)
남동발전	125	277	GS EPS	105	-
동서발전	68.9	60	포승그린파워	43.2	-
중부발전	-	200	전주파워	32.4	-
남부발전	-	140	전주페이퍼	15	-
서부발전	-	120	상공에너지	9.3	-
OCISE	-	151.5	이건에너지	8.5	-
군장에너지	-	85	세종그린파워	5	-
한화에너지	-	29.7	선창산업	3.3	-
GS포천에너지	-	17	한국지역난방공사	3	-
금호석유화학	-	14.5	썬텍에너지	3	-
김천에너지	-	3	이웰에너지	3	-
합계				424.6	1,097.7

출처 : (사)기후솔루션

---

37) 제2의 석탄, 바이오매스 발전. 바이오매스는 진짜 '재생에너지'일까? 사단법인 기후솔루션

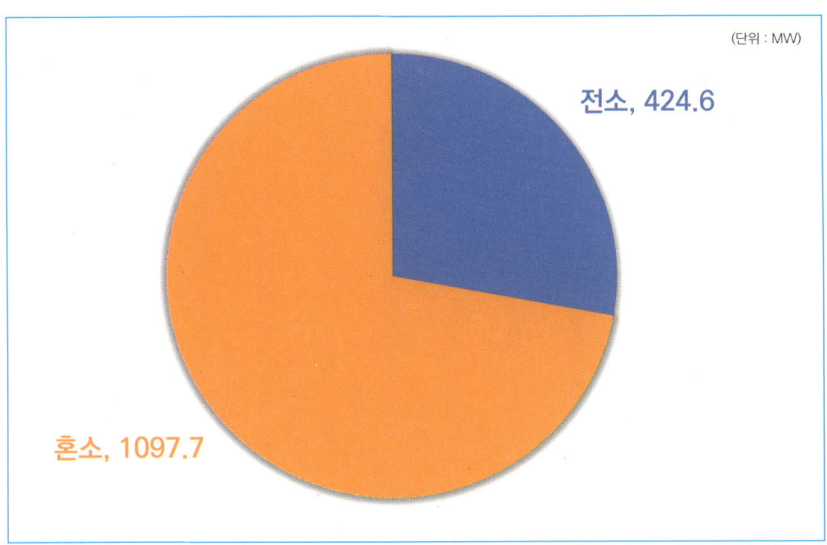

| 그림 | 전소 및 혼소 바이오매스 발전소 현황

📍 바이오매스 발전량 및 REC 생산량

바이오매스 발전소의 발전량은 2012년 RPS 제도가 시행된 후 지속적으로 증가해, 2018년 말 기준으로, 약 6,674GWh로서 2012년 대비 48.3배로 폭증했다. 2022년에는 발전량이 약 10,616GWh가 예상된다.

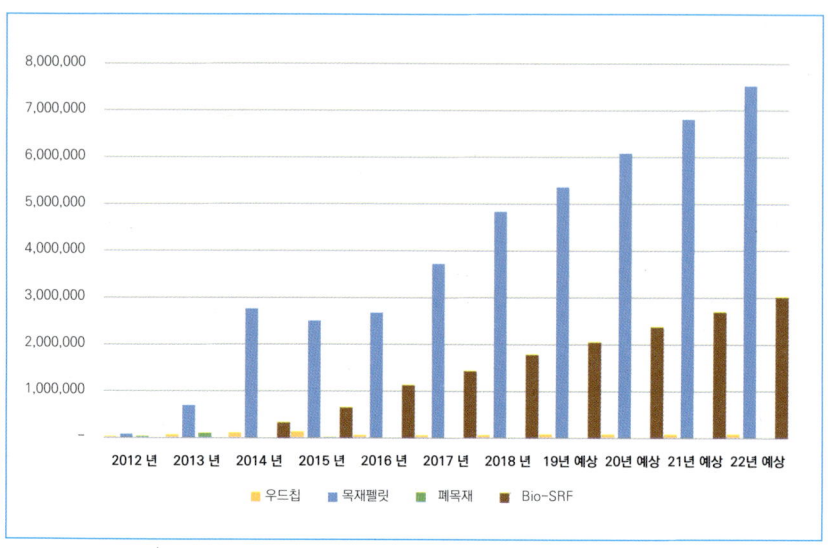

| 그림 | 바이오매스 발전량 변화

전체 바이오에너지의 69.2%가 바이오매스 발전소가 차지한다고 가정하면, 2022년에는 약 9,097천 REC가 생산될 것으로 예측된다. 이 양은 2022년 전체 생산이 예상되는 REC의 15.9%에 해당하는 양이다. 향후 바이오매스 발전소로부터 생산되는 REC의 양은 줄어들지 않을 전망이다. 이유는 기존 바이오매스 발전소의 경우, 기존 REC 규정에 의거 계속해서 REC를 발급받기 때문이다.

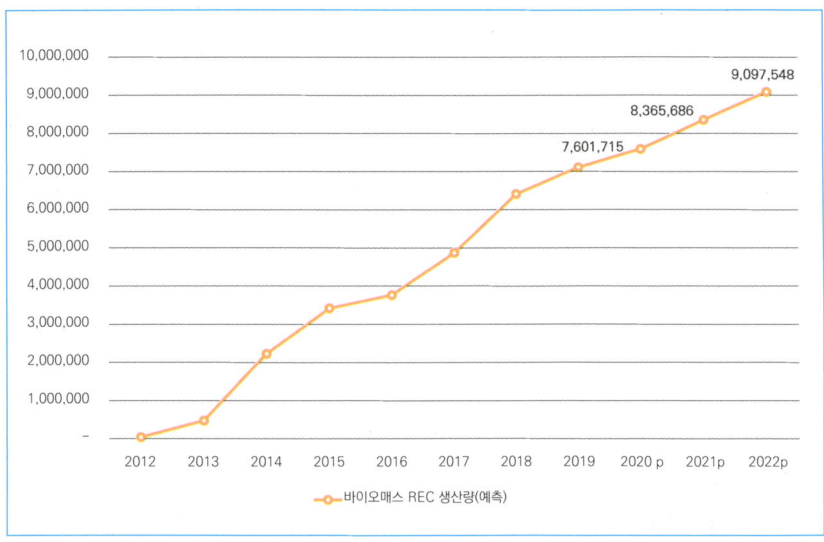

| 그림 | 바이오매스 발전소로부터 생산되는 REC 및 2020년 이후 예측

바이오매스 발전소에 대한 대안이 없다면, REC 가격은 계속 하락할 수 밖에 없다

2018년 산업통상자원부는 RPS 고시 개정을 통해 바이오매스 발전에 대한 가중치를 축소 조정했으나, 신규 발전소에 대해 대거 유예기간을 부여했기 때문에 바이오매스 발전으로부터 생산되는 REC량이 당분간 줄어들기는 어려울 것으로 보인다. 바이오매스 발전소에 대한 근본적인 고민이 필요한 이유다.

대부분의 RPS 시장 참여자들은 목재펠릿이나 목재칩의 REC 가중치가 2018년 산업부의 고시 개정으로 0.5로 줄었기 때문에 RPS 시장에 이제는 큰 영향을 주지 않는 것으로 이해하고 있다. 이는 신규 발전소에만 적용되는 규정이다. 태양광의 100kW 미만 가중치 1.2에 비해 낮은 것으로 이해하고 있다. 그러나 2018년 6월 26일 이전 건설된 바이오매스 전소 발전소의 경우 1.5다. 혼소 발전소인 경우에도 1.0을 받고 있다. 기존 대형 발전사가 보유하고 있는 석탄 화력 발전소를 통해 보이지 않는 다량의 REC가 발급되고 있다는 것이다.

| 표 | 바이오매스 발전소에 대한 산업통상자원부 고시(제2018-130호) 개정의 REC 가중치 적용 범위

구분	상업운전일	공사계획 인가/승인일	연료	유예 기간	연소 방식	실제 적용되는 REC 가중치
이미 가동 중인 발전소	'18.6.26 이전	'18.6.26 이전	목재칩, 목재팰릿, Bio-SRF, 원목	적용	전소	1.5
	'18.6.26 이전	'18.6.26 이전			혼소	1.0
건설 중 또는 건설 임박한 발전	'18.6.26 이후	'18.6.26 이전			전소	1.5
	'18.6.26 이후	'18.6.26 이전			혼소	1.0
계획 중 또는 미착공 발전소	'18.6.26 이후	'19.6.30 이전	목재칩, 목재팰릿, 원목		전소	1.0
	'18.6.26 이후	'19.6.30 이전	Bio-SRF		전소	0.5
	'18.6.26 이후	'19.6.30 이전	목재칩, 목재팰릿, Bio-SRF, 원목		혼소	0.0
신규 발전소	'18.6.26 이후	'19.6.30 이후	목재칩, 목재팰릿, Bio-SRF, 원목	미 적용	전소	0.5
	'18.6.26 이후	'19.6.30 이후	Bio-SRF		전소	0.25

출처 : (사)기후솔루션, 재편집

기후솔루션의 자료에 의하면, 한국전력 발전 자회사들은 바이오매스로 재생에너지 의무량의 절반 이상을 달성하고 있다고 보고하고 있다. 참으로 개탄스러운 상황이 아닐 수 없다. 소규모 태양광 발전사들이 REC 가격 하락으로 고통을 받고 있는데, 대형 발전사들은 의무 공급량의 50% 이상을 국내 목질계 바이오매스도 아니고, 베트남 등 동남아시아 등으로부터 수입한 목재 펠릿을 이용해 채우고 있었던 것이다. 2017년 목재 펠릿 공급량 중 97.3%가 수입산이다.

국내 대형 발전사들이 RPS 의무 공급을 충족하기 위해 바이오매스 발전소를 많이 건설하는 이유는 경제성에 있다. 바이오매스 발전소는 적은 비용을 투자해, 대형 발전소가 보유하고 있는 석탄화력 발전소를 유지하면서 동시에 RPS 의무량을 채우기에 가장 적합했기 때문이다. 실제로 대형 발전사들은 바이오매스 발전을 통해 다량의 REC를 생산하고, 이를 의무 공급량으로 채우고 있는 것이 현실이다.

2012~2018년까지 의무 공급사의 REC 이행 현황[38]을 살펴보면, 이행 실적 총량의 약 35.02%를 바이오에너지로부터 발급된 REC를 사용하였고, 태양광이 26.05%, 연료전지 15.52% 순이다. 바이오에너지 REC 발급량 중 약 53.3%를 차지하는 목재펠릿 전소 및 혼소 발전소가 전체 이행 실적 중 약 18.7%를 차지하는 것으로 추정할 수 있다. 특히 2013년 대비 2018년 이행 실적 제출 증가율은 태양광이 391%인 데 비해, 바이오에너지는 713%로 태양광의 1.8

---

[38] 2012년 이후 의무 공급사의 에너지원별 REC 이행 실적 현황 정보 공개 요청 결과, 한국에너지공단 제공

배에 이른다.

 신·재생에너지원별 REC 이행 실적을 전술한 REC 수요, 공급과 단순히 연계해서 해석하는 것은 쉽지 않다. 이는 RPS 제도 초기에 의무 공급사에 20% 범위 내에서 3년간 이행을 연기해줬던 지침이나, 이행량 중 국가가 보유하고 있던 REC 사용 등이 섞여 있기 때문이다. 풍력의 경우를 예로 들면, 국가통계포털에서 발표한 2018년까지 REC 발행량은 약 549만 REC이지만, 실제 이행 실적은 약 800만 REC로 약 251만 REC의 차이가 발생하게 된다. 즉, 발행량보다 많은 양의 REC를 의무 공급사가 이행 실적으로 제출했다는 모순에 빠지게 된다.

 의무 공급사의 RPS 이행율은 2012년 64.70%에서 서서히 증가해 2018년에 96.60%에 이르렀고, 전체적으로는 95.93%에 달한다. 가장 최근 자료인 2018년 기준으로, 이행량의 약 37.7%를 바이오에너지로 채우고 있다는 것이 과연 RPS 제도의 취지에 맞느냐가 문제다.

| 표 | 2012~2018년 의무 공급사의 연도별 신·재생에너지원별 REC 이행량 (단위 : 1,000REC)

년도	태양광	풍력	수력	연료전지	바이오	폐기물	IGCC	이행 실적 합계	이행율 (%)
2012	264	823	1,773	742	427	125	-	4,154	64.70
2013	1,724	1,057	2,016	1,130	1,211	186	-	7,325	67.22
2014	1,499	957	1,324	1,817	4,153	328	-	10,078	78.09
2015	3,361	808	1,039	1,895	4,946	424	-	12,474	90.14
2016	4,871	999	1,113	2,079	5,655	571	69	15,356	90.49
2017	4,948	1,563	1,221	2,565	6,449	657	224	17,626	92.89
2018	6,746	1,800	1,167	3,722	8,637	554	260	22,886	96.60
합계	23,414	8,007	9,653	13,949	31,478	2,844	553	89,898	95.93
%	26.0	8.91	10.74	15.52	35.02	3.16	0.61	100.00	

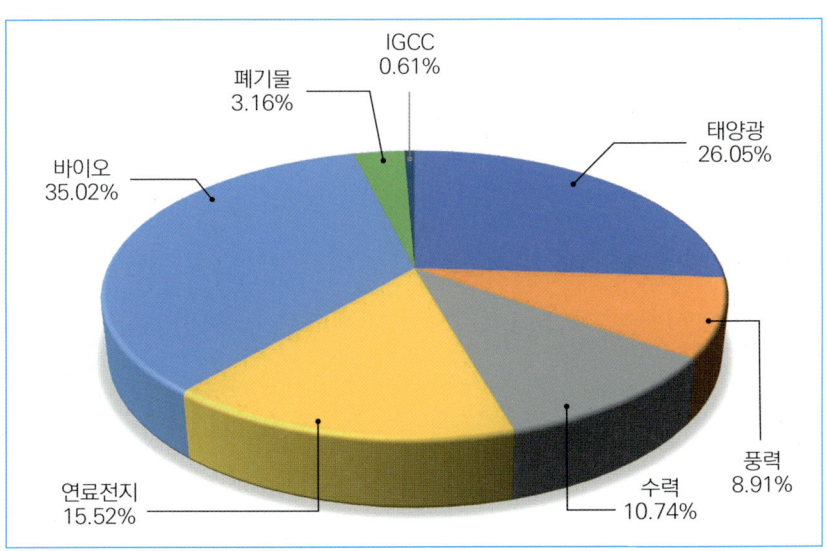

| 그림 | 2012~2018년까지 이행 실적으로 제출한 신·재생에너지원별 REC 비율

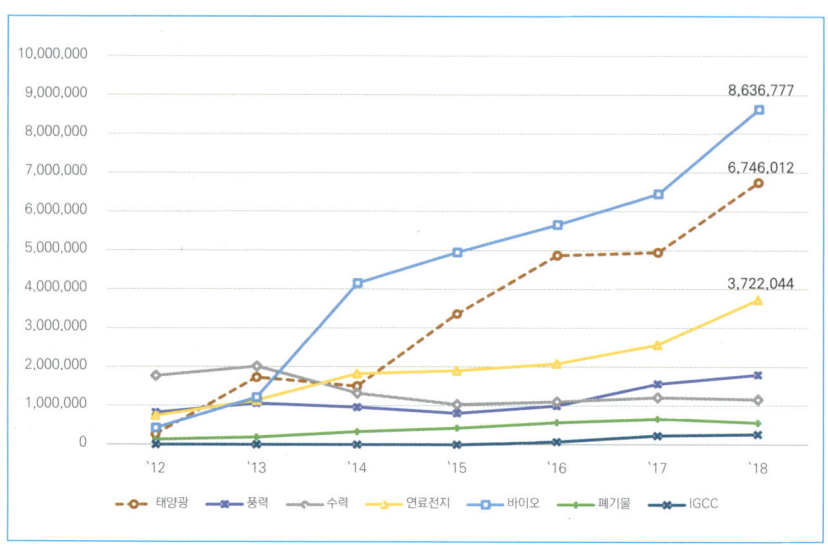

| 그림 | 2012~2018년까지 신·재생에너지원별 이행 실적 REC 제출량

    여기서, 연도별 누적 이행 실적 자료를 이용해 지금까지 시장에 공급된 REC양과 비교해보자. 2019년과 2020년의 이행 실적을 평균 이행률인 95.93%로 가정하면, 누적 공급량이 2019년 4월에 누적 이행 실적(수요량)을 초과하는 것으로 나타난다. 이는 2019년 4월부터 REC 시장이 공급 우세장으로 변했다는 것을 의미한다. 2020년에는 누적 공급량이 약 1,722만 REC에 이를 것으로 전망된다.

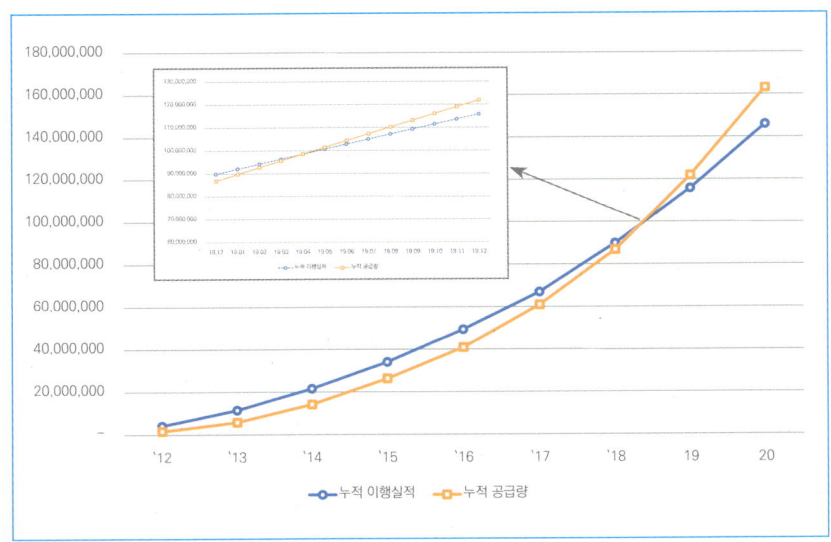

| 그림 | 2020년까지 누적 이행 실적과 누적 공급량 변화

RPS 제도 개선 방안

REC 가격 폭락은 태양광 산업 전반에 큰 영향을 주고 있다. 1차적인 피해자는 당장 REC를 현물 시장에서 판매해야 하는 약 23,000여 장기계약 미체결 발전 사업자다. 100% 자기자본으로 투자한 발전 사업자는 그나마 다행이지만, 은행융자를 받아 설치한 다수의 발전 사업자는 하루하루 버티기가 어려워지고 있다. 다음으로 수익성을 이유로 태양광 시장에 참여하는 투자자가 줄어들게 되면서, 어려움을 겪고 있는 중소 시공사다. 이러한 상황이 얼마나 지속되느냐에 따라 태양광 생태계의 먹이사슬이 몇 단계까지 고사될지 결정될 것으로 보인다. 현재 대부분의 중소시공사는 공사 물량이 없어 어려움을 겪고 있으며, 올해 들어 태양광 시공에 대한 문의조차 들어오지 않는다고 하소연하고 있다.

설치 규모가 대형화되면서 일반 중소 시공사가 참여할 공간은 거의 없음에도 불구하고, 태양광 시장의 성장세는 계속될 것으로 보인다. 이미 태양광 시장은 대기업과 공기업과 같은 자본력을 가진 '그들만의 리그'가 되어버리는 것 같아 안타깝다. 지난 10여 년 동안 우리나라 태양광 발전 보급에 기여해왔던 중소 시공사가 설 자리는 갈수록 좁아지고 있다. 여기에 2020년 3월 6일 국회 본회의에서 심의의결한 전기사업법 개정에 따르면, 태양광 발전 사업 허가 취득 전에 지역주민에게 건설 사업에 대한 사전고지 제도를 도입했고, 또한 전기사업 개시 이전에 사업을 양도, 양수를 제한한 내용을 담고 있다. 과거 중소 시공사에서 MW급 태양광 사업을 개발한 후, 일반인에게 분양하는 분양 사업 절차가 까다로워졌다는 의미다. 시행 시점은 개정법 공포 이후 6개월 이후에 적용된다.

그렇다면 이런 상황까지 오게 한 REC 가격 폭락은 누구의 책임인가? 많은 사람들은 RPS 제도를 설계하고 운영하는 정부라고 생각한다. REC의 수요량과 공급량을 단순 분석해보면, 이미 4년 전인, 2016년 3월 시장에서 공급량이 수요량을 초과했고, 과거의 의무 공급량을 고려한 누적 공급량 역시 2018년 11월에 누적 수요량을 초과하였다. RPS 관련 모든 자료를 독점하고 있는 정부에서 이러한 기본적인 분석조차 이루어지지 않았다는 점은 이해하기 어렵다. 자료 분석 및 예측 결과를 바탕으로 정책을 보완하고 개선해야 하는 것이 정책 입안자의 책무이기 때문이다. 즉, RPS 제도하에서 수요-공급 분석을 통해 재생에너지 REC 시장에 선제적으로 대응했어야 한다는 것이다.

REC 가격폭락이 이어지자 산업통상자원부는 2019년 9월 경쟁입찰 물량을 기존 350MW에서 500MW로 늘렸고, 한국형 FIT제도에 추가로 참여할 수 있는 기회를 부여했으며, REC 현물 시장에서 매도·매입 상하한(上下限) 한도를 ±30%에서 ±10%로 축소하는 등의 정책을 시행했다. 그러나, 2019년 9월 정부의 가격 안정화를 위한 노력에도 불구하고, 현재까지 REC 가격은 계속해서 하락하고 있다.

올해 초 산업통상자원부는 다시 몇 가지 대책을 추진하겠다고 밝혔다. 그중 하나가 현 REC 거래 시장을 경쟁입찰 방식으로 통합하고, 이를 확대하겠다는 것이다. 정부는 RPS 제도하에서 의무 공급사들이 자체 건설, 경쟁 입찰, 자체 입찰, 수의계약, 현물 시장, 한국형 FIT 등 복잡하고 다양한 방법을 통해 REC를 구매하고 있기때문에, 이를 개선하기 위해 2020년 상반기 중으로 경쟁입찰 확대를 위한 고시를 개정하고, 하반기에는 경쟁입찰 확대를 위한 시범사업 추진을 계획하고 있다. 이를 통해 발전단가를 절감하고 효율성을 제고하겠다는 의도다.

우선 경쟁입찰을 확대한다는 의미가 구매 방식만 변경한다는 의미라면, REC 가격이 안정될지 의문이다. 현실의 REC 시장에서는 거래 방법이 복잡하고 다양해서 문제가 되는 것이 아니다. REC 수급 불균형이 문제다. REC 가격이 왜 폭락하는지 그 원인을 분석하고, 근본적인 해결책을 제시하는 것이 필요하다. 즉, 입찰 방식을 바꾸는 것보다 장기 고정가격계약 경쟁입찰 물량을 늘려야 할 것이다. 2019년 하반기 RPS 고정가격계약 경쟁입찰 물량을 500MW로 증가시킨 것은 그나마 다행이었다. 그러나 시장에서 REC 가격 낙폭을 줄이기 위해서는 2020년 상·하반기에 충분한 양의 물량이 고정가격계약 경쟁입찰을 통해 풀어줘야 한다는 것이 현장의 목소리다. 과거 현물 시장에 참여했던 많은 사람들은 "REC 가격이 어떻게 형성되는지?"를 가장 궁금해했다. 다음으로 정보가 없기 때문에 "정부에서 REC 가격을 조정하는 것 같다"라는 내용이다. 현물 시장은 시장이다. 시장은 수요와 공급이 존재하고, 이 수요와 공급은 어느 정도 예측이 가능해야 한다. 예측 가능한 시장이 되기 위해서는, 시장에 정보가 투명하게 유입되고, 정책 결정 시 시장 참여자의 의사가 반영되어야 한다는 점이다. 지금까지 RPS 시장은 REC 가격 하락의 원인을 시장에서 찾을 수 없는 구조적인 문제를 안고 운영되어왔다. 많은 시장 참여자들은 REC 가격이 어떻게 형성되는지, 수요와 공급이 반영되어

가격이 결정되는지? 그렇다면 시장의 공급에 해당하는 REC는 어디서 얼마큼 발급되는지 등을 궁금해한다.

정부는 REC 가격 안정화를 위해 다양한 카드를 고려하고 있는 것 같다. 대표적으로 RE100을 들 수 있다. RE100은 기업이 사용하는 전력의 100%를 재생에너지로 충당하는 것을 목표로 하는 글로벌 캠페인이며, 자발적인 참여를 전제로 한다. 물론 기업 생존을 위해 필요하다면 자발을 가장한 의무참여가 가능할 수 있다. 정부는 RE100 이행 지원 제도를 도입해 우리나라 기업들이 자발적으로 재생에너지를 사용할 수 있는 환경을 조성하고, 이를 통해 재생에너지 사용 확대와 재생에너지 사업에 대한 재투자를 유도하겠다고 한다. 이를 위한 정부는 "제도 정비를 2020년 상반기까지 관련 법령 및 고시 등을 개정하고, 2020년 하반기부터 본격적인 재생에너지 사용인정제도 사업을 실시하겠다"는 계획을 발표했다. 그러나 RE100을 활용해 누적 잉여 REC 공급량을 처리하기에는 시간이 부족할 뿐만 아니라 근본적인 해결책도 아니다. 또 다른 제도를 만들어 REC를 활용하겠다는 생각은 또 다른 문제만 낳을 것이다.

REC 가격 예측 시뮬레이션 결과, 2020~2022년까지 의무 공급량을 현재보다 연간 +1%, +2%, +3% 증가하고, 바이오에너지와 폐기물로부터 발급되는 REC가 75%만큼만 발급된다고 가정한 경우에 5~9만 원대로 유지되는 것을 알 수 있었다. 따라서, 바이오에너지,

특히 목질계 바이오매스에 대한 실효성 있는 대책이 없을 경우, REC 가격은 계속 하락할 수밖에 없는 구조다.

결론적으로, RPS 제도 개선 방향은 REC의 수요를 늘리고 공급을 줄이는 방향으로 추진되어야 한다. REC 수요 측면에서는 국제 기준에 부합하는 신·재생에너지 발전량을 RPS에 적용하는 것도 하나의 대안이 될 것이다. 공급 측면에서는 바이오매스 발전을 포함한 REC 발행량에 대한 정보를 투명하게 공개하고 REC 공급량 축소 방안을 강구해야 할 것이다.

현실적으로 REC 수요를 증가시키기 위해, 국제 기준에 부합하는 신·재생에너지원을 정의하고 보급 목표를 수정하는 것은 결코 쉬운 일이 아니다. 또한, 바이오매스 발전에 대한 REC 발급량을 줄여 시장에 공급되는 REC 양을 줄이는 것 역시 쉬운 문제가 아니다. REC 수요·공급량을 조절하기 위해서는 신·재생에너지 관련 법, 규정, 지침 등을 전면 개정해야 하고, 이해 당사자의 이해관계를 풀어야 하기 때문이다. 그럼에도 불구하고 정부가 현실적이고 실질적인 '재생에너지 3020 이행목표'를 달성하고자 하는 의지가 있다면, REC 가격 폭락을 신·재생에너지 정책의 전면적인 개편을 위한 도구로 활용할 수 있을 것이다.

정부는 REC 수요·공급량 조절 외에 시장 안정화 방안을 마련해야 한다. 2018년 6월부터 장기계약 시장의 REC 가격이 현물 시장의 REC 가격을 추월했다. 현물 시장을 유지하기 위해서는 장기계약시장에서의 REC 가격 대비 ±10% 또는 ±20% 범위에서 현물 거래가 이루어질 수 있도록 REC 상·하한 가격 정책과 같은 추가적인 시장 수단을 도입해야 할 것이다.

2022년까지 예상되는 누적 공급 초과량을 약 3,800만 REC로 가정한다면, REC당 5만 원대를 유지하기 위해서는 2020년 이후 기존 의무 공급자가 부담해야 하는 4조 6,000억 원 외에, 추가로 약 1조 9,000억 원의 재원이 필요하다. 이제 정부는 어떠한 정책적 대안으로 수급불균형 문제를 슬기롭게 풀지 선택해야 할 시간이다.

빅데이터와 통계로 살펴본
태양광 시장과 REC 가격 전망

제1판 1쇄 2020년 5월 7일

지은이 윤인택
펴낸이 서정희 **펴낸곳** 매경출판㈜
기획제작 ㈜두드림미디어
책임편집 최윤경
마케팅 신영병, 김형진, 이진희

매경출판㈜
등 록 2003년 4월 24일(No. 2-3759)
주 소 (04557) 서울시 중구 충무로 2(필동 1가) 매일경제 별관 2층 매경출판㈜
홈페이지 www.mkbook.co.kr
전 화 02)333-3577(내용 문의 및 상담)   02)2000-2636(마케팅)
팩 스 02)2000-2609 **이메일** dodreamedia@naver.com
인쇄·제본 ㈜M-print 031)8071-0961

ISBN 979-11-6484-110-3 03320

책값은 뒤표지에 있습니다.
파본은 구입하신 서점에서 교환해드립니다.

이 도서의 국립중앙도서관 출판예정도서목록(CIP)은 서지정보유통지원시스템 홈페이지(http://seoji.nl.go.kr)와
국가자료공동목록시스템(http://www.nl.go.kr/kolisnet)에서 이용하실 수 있습니다.
(CIP제어번호: CIP2020015724)